BUZZ

© Bruno Brito, 2025
© Buzz Editora, 2025

Publisher **Anderson Cavalcante**
Coordenadora editorial **Diana Szylit**
Editor-assistente **Nestor Turano Jr.**
Analista editorial **Érika Tamashiro**
Estagiária editorial **Beatriz Furtado**
Preparação **Daniela Franco**
Revisão **Victória Gerace, Mariana Gomes,**
      Adriana Moreira Pedro e Laila Guilherme
Projeto gráfico **Estúdio Grifo**
Diagramação **Eduardo Okuno**
Foto da capa e da p. 3 **João Menna**

Nesta edição, respeitou-se o novo Acordo Ortográfico da Língua Portuguesa.

Dados Internacionais de Catalogação na Publicação (CIP)
(Câmara Brasileira do Livro, SP, Brasil)

Brito, Bruno
Excelência : A medida humana da perfeição divina /
Bruno Brito. – 1ª ed. – São Paulo : Buzz Editora, 2025.

Bibliografia
ISBN 978-65-5393-440-5

1. Crescimento pessoal 2. Deus (Cristianismo)
3. Espiritualidade - Cristianismo 4. Transformação
espiritual I. Título.

25-253109   CDD-248.4

Índice para catálogo sistemático:
1. Espiritualidade : Cristianismo 248.4

Eliane de Freitas Leite – Bibliotecária – CRB - 8/8415

Todos os direitos reservados à:
Buzz Editora Ltda.
Av. Paulista, 726, Mezanino
CEP 01310-100, São Paulo, SP
[55 11] 4171 2317
www.buzzeditora.com

EXCELÊNCIA

BRUNO BRITO

A medida humana da
perfeição divina

Dedico este livro a Vanessa, minha esposa, com quem compartilho uma linda família e um propósito para viver. Com todo o meu amor.

PREFÁCIO, 9

INTRODUÇÃO: A REAL EXCELÊNCIA, 13

1. ENTENDENDO A EXCELÊNCIA
COMO UM COMPROMISSO PESSOAL, 57

2. PREPARANDO-SE PARA
A JORNADA, 61

3. POTENCIALIZANDO
VIRTUDES E VALORES, 67

4. ATIVANDO A MENTALIDADE
DE CRESCIMENTO, 79

5. GERENCIANDO PRIORIDADES, 89

6. CONSTRUINDO
RELACIONAMENTOS SIGNIFICATIVOS, 103

7. CUIDANDO DA SAÚDE FÍSICA E MENTAL, 115

8. APRENDENDO COM OS ERROS, 125

9. ASSUMINDO A RESPONSABILIDADE
PELAS NOSSAS AÇÕES, 133

10. CULTIVANDO A GRATIDÃO
E O CONTENTAMENTO, 139

CONCLUSÃO, 153

REFERÊNCIAS BIBLIOGRÁFICAS, 157

PREFÁCIO

Que tal abandonar o que aprendeu até hoje sobre o conceito de excelência e abraçar uma visão mais ampla, capaz de levar você a novas realizações? Ao aceitar esse desafio, você estará pronto para acatar mais um convite que lhe faço agora: mandar embora o conformismo e a autocomplacência para se *propor* a seguir Jesus Cristo em todos os aspectos da sua vida.

Parece insano, incomensurável, inatingível?

Que bom!

Este convite é uma provocação à ação, afinal, todos os grandes ganhos sempre pareceram distantes até se tornarem realidade.

Perceba que empreguei o verbo "propor" na formulação do meu convite, pois ele traz embutida a noção de que o esforço e a intenção dispensados na busca desse ideal são tão importantes quanto atingi-lo.

Trocando em miúdos, mais do que uma pessoa excelente naquilo que faz e almeja, eu quero que você se transforme em um buscador incansável da real excelência, que nada mais é do que uma *vida transformada em Cristo*.

A real excelência transcende as ações que realizamos e precisa estar enraizada em nós, sendo manifestada por meio da integridade do nosso caráter, da sinceridade do nosso coração e da autenticidade de nossos atos. Não é apenas um padrão a ser alcançado, mas uma jornada contínua que requer introspecção, esforço e um desejo ardente de ser a melhor versão de si mesmo. É um conceito que ecoa em nossa vida, representando uma busca não como um destino, mas como um modo de viver.

Aqui considerada a medida humana da perfeição divina, a real excelência é o quanto podemos nos aproximar da perfeição como seres humanos. Ela envolve uma relação sincera e íntegra consigo mesmo e com os outros, refletindo um compromisso com o autoaperfeiçoamento e o relacionamento interpessoal.

No turbilhão da vida cotidiana, muitos de nós ficamos presos nos tentáculos da mera "existência". Contudo, mesmo entorpecidos pela mediocridade da vida, algo em nós ainda grita, avisando que essa não é de fato uma existência revestida de propósito, significado e plenitude. A tal luz que jamais se apaga é uma pista valiosíssima para mudarmos de rota e encontrarmos o caminho da real excelência.

Quando a Bíblia sabiamente nos diz que somos a imagem e semelhança de Deus, de forma bem direta ela está nos convidando a parecermos com Deus em todos os aspectos. Então, cabem aqui os questionamentos:

Quanto de Deus você carrega, no sentido de Presença Ativada, dentro de você? E como ampliar essa Presença em cada um de nós?

É essa Presença Ativada, aqui denominada Excelência, que nos permite manifestar em nós a tão reconhecida Perfeição

Divina, que vou ajudar você a desenvolver nas páginas deste livro.

Meu objetivo com esta obra é ser um facilitador e possibilitar que a excelência seja a marca registrada do seu ser, mas, para isso, ela precisa tornar-se um *padrão mental* que permeia a nossa essência e define quem somos em nosso âmago. Se nos esforçamos para fazer o excelente, mas não cultivamos a excelência em nosso ser, nós nos tornamos meros impostores.

Minha intenção é justamente facilitar seu nascimento para a excelência. Exatamente como fazemos em um batismo!

Mas não se apresse e tampouco se iluda. Como já afirmei antes, esta é uma jornada árdua e honesta de relacionamento consigo mesmo e com os outros, na qual vamos caminhar juntos.

Cada passo dado rumo ao objetivo é uma vitória pessoal, um testemunho do desejo ardente de nos aproximarmos da imagem do nosso Criador. Mesmo que, às vezes, falhemos e cometamos erros ao longo do caminho, a Graça Divina nos fortalece e nos capacita a continuar avançando.

Buscar a excelência é, antes de tudo, uma profissão de fé. Por isso, o caminho que percorreremos nos levará ao **Batismo de Excelência**, no qual o participante testemunha e aceita as verdades aqui compartilhadas e passa a partilhá-las com toda a comunidade.

É um compromisso permanente com Deus e consigo mesmo para superar limitações, quebrar barreiras e alcançar o melhor de si. É uma busca constante pelo crescimento pessoal e espiritual, aprimorando habilidades e cultivando virtudes.

Ao longo dos capítulos, abordaremos os *fundamentos* do conceito de Excelência, em seguida identificaremos os *pontos limi-*

tantes que impedem o desenvolvimento pleno da nossa imagem e semelhança divinas, de forma a ajustar a régua pela qual medimos e empreendemos as nossas realizações. Em um terceiro momento, avançaremos pela mais prática das etapas, na qual faremos as *ativações* do **Batismo de Excelência,** que nos permitirão eliminar a raiz de toda mediocridade e construir um padrão mental de pensamentos, palavras, sentimentos e ações excelentes que passarão a predominar em sua essência.

Lembremos que a excelência não pode ser um fim em si mesma. Ela é uma expressão do nosso amor a Deus e ao próximo. É uma forma de honrar o Criador, reconhecendo que fomos criados à Sua imagem e somos chamados a espelhar a Sua perfeição em tudo o que fazemos.

Boa jornada.

BRUNO BRITO

INTRODUÇÃO

A REAL EXCELÊNCIA

A palavra "excelência" vem do latim *excellĕre*, que significa erguer-se, elevar-se. Isso nos dá uma pista sobre seu sentido mais profundo: é um estado de ser que vai além do comum, do ordinário. É uma qualidade que nos distingue e nos eleva.

Em outras palavras, ser excelente é uma expressão visível de um caráter refinado e de uma alma enriquecida.

A propósito, é essencial entender que a concepção humana de excelência não corresponde a um conceito moderno e tampouco judaico-cristão. Tal busca é tão antiga quanto a própria humanidade. Civilizações como a grega e a romana também valorizavam a excelência, ou *areté*, como os gregos a chamavam. Eles a buscavam em todas as formas de arte, ciência e filosofia. Aristóteles, um dos filósofos mais influentes de todos os tempos, nos ensinou que tal prática não é um ato, mas um hábito.

Avançando para os tempos modernos, ser excelente tornou-se um pilar do desenvolvimento humano. Tanto nos esportes como na educação e nos negócios, a excelência é o padrão pelo qual medimos o sucesso, embora sejam conceitos distintos.

A excelência transcende o sucesso. Enquanto um é medido por conquistas comparativas, a outra reside no potencial único de cada indivíduo. A real excelência diz respeito a princípios, voltando-se para o espírito. Já o sucesso concentra a atenção no mundano, no externo, tornando-se referência para o apetite insaciável do indivíduo, estimulando o interesse e a conveniência que nos impelem a tratar as pessoas como meios para os nossos fins.

O sucesso é o sonho da multidão e concede recompensas a poucos. A excelência é verdadeiramente aceita por poucos, mas pode ser aproveitada por todos os seres vivos.

Não por acaso, a religião nunca esteve isenta dessa busca. Paulo afirma em Colossenses 3,23: "Tudo o que fizerem, façam de todo o coração, como para o Senhor, e não para os homens". Isso, meus queridos, deve ser praticado também na esfera da Igreja. Não se trata de ser o melhor no que fazemos, mas de fazer o nosso melhor para a glória de Deus.

Ainda sobre essa dimensão espiritual, Mateus 5,48 relata: "Portanto, sejam perfeitos como perfeito é o Pai celestial de vocês". Essa é a forma mais pura de ser excelente, é um chamado divino para nos elevarmos acima da mediocridade e buscarmos a perfeição no Pai celestial.

Todos reconhecemos que a perfeição absoluta é inatingível, especialmente após a queda do Paraíso, mas podemos, e devemos, nos aperfeiçoar diariamente.

AS BASES DA EXCELÊNCIA

A esta altura, você já percebeu que entender a busca da excelência de que tratamos aqui como um discurso motivacional é uma visão limitada. Quando você ora e fala com Deus, a excelência a que este livro se refere se manifesta por intermédio de você.

Portanto, ser excelente é ir além de realizações externas. É um chamado para vivermos de forma congruente com a nossa essência.

Para isso, precisamos, necessariamente, construir nossa jornada sobre os fundamentos da excelência que exploraremos em detalhes a partir de agora.

Amor

O amor é a base fundamental que impulsiona o desejo de aprimoramento. Ele nos capacita a ir além do que pensamos ser possível, levando-nos a agir com comprometimento e dedicação, mesmo quando não há mais nada a ser feito. É uma expressão da nossa capacidade afetiva que nos motiva a superar obstáculos e a alcançar níveis mais altos de excelência.

Uma pessoa que age sem amor não cumpre a própria missão e dificilmente alcançará níveis além do esperado; pelo contrário, corre o sério risco de provocar a queda e a destruição de si mesma.

O amor incondicional de Deus é uma poderosa lição que nos inspira a ir além na busca pela excelência. Afinal, Ele nos amou a ponto de enviar Seu único filho para nos salvar, demonstrando que o amor supera todas as barreiras.

Sabedoria

Em 1 Reis 10,1-10, encontramos a história da rainha de Sabá, que, intrigada pela fama de Salomão, decidiu visitá-lo em Jerusalém para testar a sabedoria dele.

Ela observou o magnífico palácio que Salomão construiu, as refeições servidas à mesa, a organização de seus servos e oficiais, bem como os rituais no templo, e questionou Salomão sobre diversos assuntos, ficando surpresa com a precisão das respostas.

A rainha percebeu que a reputação de Salomão não era apenas uma narrativa construída. Além das respostas, a liderança dele e a forma como ele cuidava de seu povo também evidenciavam sua sabedoria. A rainha de Sabá ficou impressionada e reconheceu a felicidade daqueles que estavam na corte dele sendo impactados constantemente pelo conhecimento do rei. A excelência de Salomão refletia-se em seu compromisso com a justiça, a retidão e o bem-estar do próximo.

Por isso, para uma vida de excelência, devemos nos inspirar no exemplo de Salomão. Assim como ele impactou a rainha de Sabá, podemos influenciar e motivar outras pessoas a saírem do círculo vicioso para uma espiral de virtuosidades.

A nossa busca pela excelência deve ser uma expressão de gratidão ao Senhor, que nos capacita e nos coloca em posições de influência para a Sua glória.

Organização

A organização é outro pilar da excelência, que pode ser identificada em sua forma mais potente na própria Criação. Desde o início, Deus levou ordem ao caos, gerando luz para dissipar as trevas.

A excelência está justamente em discernir e separar cada coisa em seu devido lugar: Deus separou as águas do nosso planeta, mostrando que algumas partes só devem estar unidas se tiverem um propósito específico, caso contrário, podem se tornar um problema.

Essa separação nos ensina, portanto, a importância de distinguir e ordenar as coisas em suas respectivas posições. É uma lição valiosa sobre a organização e a harmonia que permeiam a criação divina. Cada elemento tem um propósito e contribui para a beleza e a funcionalidade do todo. Em Sua excelência, por exemplo, Deus transformou as trevas, em vez de destruí--las, em uma oportunidade de descanso e reflexão e criou a luz. É emocionante pensar na luz dissipando as trevas que cercavam tudo.

Deus cuidou para que o sol e a lua tivessem funções complementares, iluminando o dia e a noite. Mesmo de tamanhos diferentes, ambos têm igual importância na organização e na manutenção da luz.

A organização de Deus se manifesta em Sua habilidade de criar e designar a função de cada elemento, de forma a valorizar tanto a diversidade de funções quanto a importância de cada um em seu lugar. Tamanha perfeição em organizar é uma expressão da excelência divina que o ser humano espelha quando consegue estabelecer a ordem com harmonia e propósito.

Renovação da mente

Para sermos excelentes de fato, precisamos guiar a nossa mentalidade em direção ao Criador, isto é, mudar a forma de pensar, abandonar padrões limitantes e enxergar as possibilidades que Deus nos oferece. Por isso, a renovação da nossa mente é uma das bases da excelência. Somente assim somos capazes de transformar nossas ações e nossos comportamentos.

A palavra de Deus nos chama à rendição completa a Ele, permitindo a renovação da nossa mente para vivermos conforme Sua boa, agradável e perfeita vontade (Romanos 12,1-2).

Humildade

Este pilar da excelência é exemplificado em sua essência pelo próprio Jesus Cristo, que, mesmo sendo Deus, humilhou-Se ao assumir a forma humana e servir com amor à humanidade. Ele lavou os pés dos discípulos, demonstrando que o verdadeiro líder é aquele que serve.

A humildade nos ensina a aprender com os outros, a respeitar pontos de vista divergentes e a acatar as determinações de Deus em nossa vida.

Quando somos humildes, reconhecemos que não sabemos tudo e nos colocamos dispostos a crescer e a evoluir constantemente. A humildade nos mantém abertos às críticas construtivas e nos capacita a aceitar feedbacks a fim de aperfeiçoar nosso desempenho e alcançar a excelência.

A humildade também é evidenciada na capacidade e na disposição de sermos guiados para lugares aonde, muitas vezes, não desejamos ir. Nossa vida é governada pelo eterno Criador, e precisamos nos submeter ao Seu senhorio. Nesse sentido, é essencial compreendermos que Deus muitas vezes usa pessoas fundamentadas em Seus princípios para nos guiar na direção em que devemos seguir. Obedecer e seguir direcionamentos são fundamentos preciosos e essenciais para a excelência!

Jesus, ao ensinar uma multidão à beira do mar da Galileia, utilizou o barco de pescadores que haviam terminado uma pescaria infrutífera. Após concluir seus ensinamentos, Ele instruiu

Simão a lançar as redes em águas mais profundas. Apesar da pescaria frustrada e da aparente falta de experiência de Jesus em pesca e sendo Ele filho de um carpinteiro, Simão obedeceu, dizendo: "Porque és tu quem está dizendo isto, vou lançar as redes" (Lucas 5,4-5).

Esse episódio revela a importância de superar a arrogância e confiar na palavra de Jesus, mesmo diante de circunstâncias que desafiem a lógica humana. A resposta de Simão demonstra humildade e fé, qualidades essenciais para alcançar os propósitos divinos.

Podemos concluir que para ser guiado é necessário ter humildade. A grande pesca de Simão ocorreu devido ao seu coração humilde e receptivo diante da orientação que recebeu.

Esforço

Aqui e agora, precisamos ter uma conversa séria: aquele que imagina que para ser excelente basta ter fé está redondamente enganado!

Obviamente, a fé constitui um ingrediente fundamental para alcançarmos a excelência em nossa vida. Ela é o motor que nos impulsiona e nos faz acreditar que somos capazes de realizar grandes feitos. É a chama que arde em nosso coração, inspirando-nos a ir além e a enfrentarmos os desafios com coragem e determinação. É por meio da fé que encontramos forças para perseverar mesmo diante das adversidades. Mas a fé não trabalha sozinha. A base de tudo está em nosso próprio esforço.

O esforço é o combustível que transforma sonhos em realidade, impulsionando-nos a alcançar a excelência em cada aspecto da nossa vida. Em outras palavras, ninguém dá um mísero passo em direção à excelência sem dedicação.

Certamente, quem se descuida está muito mais próximo da mediocridade do que da excelência, e esta é uma lição fundamental: excelência é esforço, treino, disciplina e um processo de autoaprimoração contínuo.

Jesus nos ensina essa verdade por meio de uma analogia: não se coloca um remendo de pano novo em roupa velha, pois o remendo forçará a roupa e piorará o rasgo. Da mesma forma, não se coloca vinho novo em vasilha de couro deteriorada, pois ela arrebentará, o vinho se derramará e a vasilha estragará. É necessário que haja congruência entre a qualidade do novo e do antigo para que ambos sejam preservados (Mateus 9,16-17).

Maturidade espiritual

Muitas pessoas se aprisionam e não alcançam o padrão de excelência porque ainda estão presas a questões que são reflexos de imaturidade.

Vale lembrar que o Apóstolo Paulo não apenas menciona os tempos de atitudes infantis, como também destaca o momento em que ele amadureceu, dizendo: "[...] quando me tornei homem..." (1 Coríntios 13,11). Isso significa que o tempo de infantilidade, que requer amadurecimento, é superado quando estamos dispostos a percorrer caminhos sem sermos sacudidos por qualquer vento. Aqueles que estão firmados na rocha, que é o Senhor Jesus Cristo, não são facilmente abalados.

Existem fases necessárias e experiências que devemos vivenciar. Cada momento deve ser vivido no tempo adequado. É assim que raízes profundas são construídas. Aqueles que são provados e aprovados nas tribulações tornam-se mais resistentes diante das dificuldades. Devemos lutar para amadurecer mesmo em meio ao caos!

Cada provação que enfrentamos não é simplesmente uma mazela da vida, mas algo necessário para que possamos desenvolver resistência e crescer espiritualmente, fortalecer a fé, ter autoridade em nossa conduta e sabedoria em nosso espírito, para que possamos aproveitar todas as oportunidades que surgem diante de nós. Esse é o pensamento daqueles que compreendem que a vida humana existe para manifestar a glória de Deus.

Estejamos, pois, atentos ao ensinamento do Apóstolo Pedro, que diz: "Se alguém fala, faça-o como quem transmite a palavra de Deus. Se alguém serve, faça-o com a força que Deus provê, de forma que em todas as coisas Deus seja glorificado mediante Jesus Cristo, para quem sejam a glória e o poder para todo o sempre. Amém" (1 Pedro 4,11).

É importante destacar novamente que não há nada que Deus ame mais do que a Sua glória. Até mesmo o envio de Seu filho para morrer na Cruz do Calvário foi por causa de Sua glória. Fomos resgatados para nos tornarmos parte da família de Deus, para vivermos de maneira que Seu nome seja honrado e glorificado.

Não podemos viver de qualquer maneira nem agir de forma contrária aos padrões que o Senhor requer de nós. Tampouco expressar palavras impulsivas e cheias de raiva. Devemos ser vigilantes em nossos relacionamentos, buscando glorificar a Deus em todas as áreas da nossa vida.

Deus nos chama a servi-Lo plenamente em todas as áreas da vida, exaltando Seu nome em nossas ações, seja na família, no trabalho ou em qualquer função. Esse chamado ressalta a importância do amadurecimento espiritual, pois aqueles que não controlam suas emoções podem se desviar do caminho do crescimento. Viver baseado apenas nas emoções é perigoso, como destacou o Apóstolo Pedro (2 Pedro 3,17-18) ao refletir sobre a verdadeira maturidade espiritual:

Portanto, amados, sabendo disso, guardem-se para que não sejam levados pelo erro daqueles que não possuem princípios morais nem percam sua firmeza e caiam. Cresçam, porém, na graça e no conhecimento de nosso Senhor e Salvador Jesus Cristo. A ele seja a glória, agora e para sempre! Amém.

Muitas vezes, pensamos que os dons espirituais são sinônimo de maturidade. No entanto, isso não é verdade. Ter um dom especial só faz aumentar a nossa responsabilidade em lidar com ele. Seria ótimo se todos aqueles que possuem dons também fossem maduros espiritualmente. Não obstante, há muitos casos nos quais a pessoa acredita que ter um dom por si só já torna sua vida consagrada a Deus e aprovada por Ele.

O desejo de Deus é confiar missões cada vez mais grandiosas a nós. Por isso, Pedro nos alerta: "Cresçam, porém, na graça e no conhecimento". Percebemos, então, que buscar dons e virtudes é algo nobre, contudo, ele também enfatiza a urgência de crescer na graça e no conhecimento do Senhor.

O dom é uma motivação que Deus nos concede para que possamos progredir no desenvolvimento de nossa salvação, mas precisamos buscar constantemente o amadurecimento espiritual, a fim de administrar melhor tudo o que nos é confiado.

A perspectiva do amadurecimento apresentada pelo Apóstolo Paulo é igualmente muito interessante. Ele diz: "Quando eu era criança, falava como criança, pensava como criança e raciocinava como criança. Quando me tornei adulto, deixei para trás as coisas de criança" (1 Coríntios 13,11).

Existem pessoas que, a olhos desatentos, poderiam ser consideradas maduras devido à idade avançada. No entanto, suas atitudes revelam que elas apenas envelheceram em anos, mas não amadureceram. Ainda pensam e agem como crianças, como Paulo descreveu.

A idade biológica não corresponde necessariamente à maturidade fundamental para viver. Tanto o envelhecimento cronológico quanto o biológico são apenas marcadores de ordem temporal e orgânica, enquanto a maturidade diz respeito ao desenvolvimento da consciência de si mesmo, que, a depender das experiências vividas e dos aprendizados internalizados, pode até ser maior em uma pessoa jovem do que em um idoso.

Uma pessoa individualista e infantilizada, por exemplo, por mais avançada que seja em idade, continua agindo e reagindo como se o mundo girasse ao seu redor e todos estivessem tentando atingi-la. Preocupa-se com detalhes insignificantes e acaba prejudicando seu próprio bem-estar emocional.

Além disso, de acordo com o que Paulo identifica como atitude infantil, percebemos outro exemplo de pessoas que se enquadram nesse perfil: aquelas que misturam a vida profissional com a pessoal. Por exemplo, durante uma discussão de ideias, acreditam que alguém está discordando apenas por provocação ou implicância. Se você se sente exatamente assim, está prejudicando sua alma e perdendo inúmeras oportunidades de crescimento.

É hora de romper com esse padrão mental, definir sua identidade em Cristo e amadurecer!

OS SETE INIMIGOS DA EXCELÊNCIA

Quando desejamos viver conforme a vontade de Deus e alcançar a real excelência, antes de qualquer iniciativa, nós nos deparamos com incontáveis adversidades.

Enfrentamos uma verdadeira guerra, composta por inúmeras batalhas, as quais ora perdemos, ora ganhamos. Essa guerra de fato nunca tem fim. A palavra do Senhor revela a realidade de um embate permanente, em que não existe trégua nem "bandeira branca". Refiro-me precisamente à guerra entre a carne e o espírito, que são opostos entre si e, por isso, sempre lutarão um contra o outro.

O Espírito tenta a todo momento nos aproximar de Deus, resgatando a nossa essência e nos permitindo atingir a excelência. Já aquilo que é mundano quer nos apartar do que é divino e conta com uma legião de seguidores cujo objetivo primordial é nos afastar da Luz. Vivemos os nossos dias nesse fio de navalha, comportando-nos como um pêndulo que, a depender do movimento, pode ceder um pouco menos ou mais aos desígnios da carne e, quando passamos do ponto, percebemos os sinais de alerta.

Os inimigos da excelência podem se manifestar de diversas formas, mas agora vamos explorar os cinco principais, para que possamos nos preparar melhor para enfrentá-los e superá-los.

Preguiça

A preguiça é uma mácula da alma humana. Ela nos impede de dar o nosso melhor, de nos dedicarmos completamente a cada tarefa. Na Bíblia, encontramos uma visão clara sobre isso em Provérbios 20,13; 14,4-5; 6,6-8 e Eclesiastes 10,18.

O Apóstolo Paulo também faz uma importante consideração sobre esse grande inimigo da excelência. Em 2 Tessalonicenses 3,10-11, ele diz: "Quando ainda estávamos com vocês, nós lhes ordenamos isto: se alguém não quiser trabalhar, também não coma. Pois ouvimos que alguns de vocês estão ociosos; não trabalham, mas andam se intrometendo na vida alheia. A tais pessoas ordenamos e exortamos no Senhor Jesus Cristo que trabalhem tranquilamente e comam o seu próprio pão".

Portanto, se você conhece uma pessoa preguiçosa, tome algumas atitudes de acordo com os ensinamentos bíblicos: não faça vista grossa, não facilite as demandas dela, caso contrário as suas se tornarão maiores, e, de preferência, não se associe a elas, pois os ecos desse comportamento podem contaminar a sua mente, pesar em sua vida, sugar sua energia, desacelerar sua jornada, atrapalhar seu ritmo de produção e até tornar sua fé inativa.

A palavra do Senhor nos diz para mantermos os preguiçosos afastados. Não os considere como inimigos e, sempre que possível, chame-lhes a atenção como irmão. Baseie-se na Bíblia para exortar com amor. O livro de Provérbios é uma ótima fonte de aprendizado sobre o tema.

Acima de tudo, não se permita ser uma pessoa que pouco se esforça. A palavra do Senhor está nos dizendo isso. Se você se deixa levar pela preguiça, saiba que não é apenas um estado físico, mas também um padrão mental que está roubando o melhor tempo produtivo da sua vida.

Em muitos momentos, negociamos conosco, deixamos a roupa no chão em vez de colocá-la no cesto; deixamos um pouco de comida na vasilha para evitar lavá-la; colocamos o pacote de bolachas de volta na geladeira com duas remanescentes para não precisar jogar o pacote no lixo; fingimos estar dormindo para não ter que desligar a televisão. Essa é a preguiça que nos impede de fazer o máximo possível para o nosso próprio bem--estar.

A preguiça nos impede de sermos pessoas excelentes. Ela faz com que olhemos para o mínimo esforço que exercemos e digamos para nós mesmos: "Já está mais do que bom". Porém, em nossa consciência, sabemos, entendemos e temos certeza de que poderíamos ter feito melhor, ido além do que fizemos, aprimorando nossa capacidade.

Ressentimento

Um dos principais impeditivos de vivenciarmos a essência divina em sua plenitude é a nossa teimosia em ressentir aquilo que nos fez sofrer ou nos prejudicou de alguma forma. O ressentimento é a desculpa que encontramos para a paralisação diante de algo que frustrou os nossos planos. Em vez de procurarmos reconhecer as nossas falhas e tentar novamente, permanecemos na posição cômoda de ressentidos, atribuindo a culpa às circunstâncias adversas, a alguém que agiu em nosso desfavor e até a Deus. Vejamos o exemplo de Gideão (Juízes 6, 11-16):

A história de Gideão, registrada em Juízes 6, retrata um período de opressão e dificuldades enfrentadas pelos israelitas. Os midianitas haviam invadido a terra, destruído as colheitas e mantinham o povo em constante temor. Nesse contexto, Gideão estava malhando o trigo, o que consiste em separar os grãos da palha, tarefa essencial para a alimentação e a sobrevivência.

No entanto, ele precisava fazer isso de forma secreta, para evitar que os midianitas tomassem o trigo. Por isso, escolheu um local inusitado: o tanque de prensar uvas. É curioso que o local adequado para debulhar trigo não seja o lagar, onde se prensa uva. No entanto, Gideão estava vivendo um tempo de dificuldades, juntamente ao povo de Israel, e estava fazendo a coisa certa, mas no lugar inapropriado. Foi nesse momento que o anjo do Senhor apareceu a Gideão e lhe disse: "O Senhor está com você, poderoso guerreiro".

A declaração do anjo indicava que Deus havia escolhido Gideão para liderar o povo de Israel na libertação da opressão dos midianitas, mas o homem questionou a Deus: "Ah, Senhor! Se o Senhor está conosco, por que aconteceu tudo isso? Onde estão todas as maravilhas que os nossos pais nos contavam quando diziam: 'Não foi o Senhor que nos tirou do Egito?'" (Juízes 6,12).

Essa interação entre Gideão e o anjo revela que, mesmo em situações adversas e em lugares improváveis, Deus pode nos encontrar e nos chamar para cumprir seus propósitos. Gideão, um homem simples e aparentemente comum, foi chamado por Deus para realizar uma grande obra.

Gideão estava ressentido. Ele era uma pessoa exatamente como você e eu. Quando estamos passando por momentos difíceis, olhamos para aquilo que está acontecendo e questionamos: "Por quê? E por que logo comigo? Por que justamente nesse tempo? Por que precisa ser dessa forma?".

Muitos tentam despertar a misericórdia de Deus lembrando-O dos próprios feitos e qualidades, como se Ele não conhecesse todas as nossas sombras e não soubesse em que aspectos precisamos nos corrigir e nos aprimorar.

Não entendemos que a nossa capacidade e as nossas vitórias não são conquistas em si e *per si*, mas meras, ainda que notáveis, consequências das lutas e batalhas da vida. São essas pelejas que nos engrandecem, não os nossos êxitos aos lidarmos com elas. Por isso, costumo brincar dizendo que o sucesso não vem de Deus, ele é um marcador inventado pela humanidade para medir quanto determinado filho de Deus se aproxima ou não do Pai ao longo da vida. Não estou afirmando que o sucesso ou o fracasso sejam apenas ilusões, mas são representações criadas por nós mesmos e por isso podem ser ressignificadas a todo momento. Se clamamos por coragem e um ente querido recebe o diagnóstico de uma doença grave, não estou sendo cruel em afirmar categoricamente que fomos milagrosamente atendidos.

Gideão fez um questionamento: "Por que aconteceu tudo isso? Onde estão todas as suas maravilhas que os nossos pais nos contam? Outros fizeram eco ao seu pensamento: 'Não foi o Senhor que nos tirou do Egito?' Mas agora o Senhor nos abandonou e nos entregou nas mãos de Midiã" (versículo 13).

Quando nossas indagações se assemelham às de Gideão, colocamos em xeque as promessas de Deus sobre a nossa vida, o caráter de Deus para cumprir aquilo que nos prometeu, toda a nossa história até aquele ponto, e desprezamos tantas outras maravilhas que Deus já operou. Esquecemos das vezes em que dissemos "Dessa vez eu não saio!" e, de repente, com Sua mão poderosa e de maneira tão maravilhosa, o Senhor nos alcançou, nos resgatou, nos tirou do buraco, do poço, da prisão, das dificuldades e da escassez, nos conduzindo à vitória.

O Deus que fez uma vez continua fazendo, porque Ele é o mesmo, não mudou e nunca, jamais, mudará.

Eu posso confiar no caráter do meu Deus. O homem fala e falha, promete e não cumpre. Mas aquilo que sai da boca de Deus já está determinado e vai se cumprir sobre a sua vida. Não há motivo para duvidar. Você não está confiando em uma lenda, mas em uma realidade! Olhe para trás, para a sua história, veja de onde Deus o tirou.

Em meio aos tantos questionamentos de Gideão, o Senhor se voltou para ele e disse: "Com a força que você tem, vá libertar Israel das mãos de Midiã. Não sou eu quem o está enviando?" (versículo 14).

Aproveite essa oportunidade e diga: "No Senhor, eu tenho toda a força, todo o poder de que eu preciso para viver os planos, as promessas, o propósito que Ele tem para a minha vida". Clamar é essencial, mas reclamar é esquecer a quem você clamou. Pare de reclamar da situação que você já entregou para Deus.

Gideão pergunta: "Como posso libertar Israel? Meu clã é o menos importante de Manassés, e eu sou o menor da minha família" (versículo 15). Em seguida, temos a impressão de que Deus não está ouvindo o que Gideão está falando, e o interrompe como alguém que fala de forma persuasiva, cortando a fala do outro. Em outras palavras, Deus diz a Gideão: "Eu não quero saber quem você acha que é, eu não quero saber da força que você acha que não tem. Eu estou te enviando e eu sei o que estou fazendo".

Lembra-se do clamor por coragem sobre o qual já comentei anteriormente?

Sim, coisas ruins acontecem com pessoas boas, que podem se tornar ainda melhores ao compreenderem essa dinâmica do autodesenvolvimento e encherem o seu coração de gratidão.

Egocentrismo

Pode parecer contraditório, mas o egocentrismo é um dos maiores obstáculos ao nosso pleno desenvolvimento.

"Como assim, Bispo, a pessoa egoísta trabalha contra ela mesma?"

Por mais incoerente que possa parecer, é isso mesmo. O maior inimigo do egocêntrico é a sua própria dinâmica individualista, que se opõe a tudo aquilo que Deus tem para a sua vida.

Ao cederem à tentação e desobedecerem a Deus, Adão e Eva revelaram esse egocentrismo que se opunha aos planos e propósitos de Deus. Os dois escolheram seguir o próprio entendimento e desejos egoístas, em vez de confiarem na sabedoria e na vontade perfeita de Deus.

Essa tendência ao individualismo nos leva a buscar nossos próprios caminhos, desviando-nos dos planos de Deus e resistindo à Sua vontade.

Tudo o que o Senhor tem para nós envolve pessoas! Se você deseja viver os planos de Deus para sua vida, é essencial aprender a se relacionar elas. Construa relacionamentos saudáveis, alinhados aos projetos de Deus para você.

Perfeccionismo

Marcado pela autossuficiência, pela arrogância e pela busca incessante da perfeição, o perfeccionismo é um dos inimigos mais recorrentes da verdadeira excelência. Ele nos aprisiona em um ciclo interminável de autocrítica e autossabotagem, impedindo-nos de avançar e crescer.

A história de Marta e Maria (Lucas 10, 38-42) nos ensina uma lição valiosa. Marta estava ocupada com as tarefas e preocupações do serviço, buscando a perfeição em suas atividades, enquanto Maria escolheu sentar-se aos pés de Jesus e ouvir Suas palavras. Jesus elogiou Maria por escolher o que era mais importante, enfatizando que a busca pela excelência está em priorizar a comunhão com Deus e os relacionamentos, em vez de se preocupar excessivamente com o resultado das obras.

Todo perfeccionista vive à base de frustração, carregando o peso da decepção consigo mesmo e com tudo ao redor.

A excelência é a medida humana por meio da qual a Perfeição Divina se manifesta, mas essa Perfeição com "P" maiúsculo não é nossa e tampouco está em nós. A Perfeição é Deus, quem Ele é e como Ele age.

Portanto, não adianta ser perfeccionista, pois você se decepcionará, enfraquecerá sua fé e adoecerá sua alma. A perfeição é um objetivo impossível de alcançar. Estamos sendo aprimorados por Deus a cada dia, mas não somos impecáveis e não fazemos nada de forma perfeita.

Todo perfeccionista tende a ser orgulhoso, prepotente, soberbo e frustrado. Carrega dentro de si o peso terrível da decepção: o sentimento de fracasso e da não realização, que consome sua alma, roubando-lhe a alegria de viver e de realizar seus sonhos.

Nesta jornada que estamos empreendendo juntos, minha proposta é justamente retificar o padrão mental que define a nossa rota de autodesenvolvimento: em vez de buscarmos a perfeição, busquemos excelência.

Nos capítulos seguintes, ficará mais evidente essa distinção entre perfeccionismo e excelência. O primeiro diz respeito à dimensão patológica da busca pela perfeição mundana, enquanto a segunda é a medida humana da Perfeição Divina, que nada tem de doentia, pelo contrário, traz cura e plenitude.

A excelência é curativa porque traz em si a Perfeição Divina refletida por meio de pensamentos, palavras, sentimentos e ações que beneficiam todas as instâncias da nossa vida: estudo, trabalho, relações familiares, casamento, criação dos filhos e até mesmo as tarefas simples, como arrumar a cama ou escovar os dentes.

É importante perceber que a excelência vai além da aparência externa. Não adianta apenas parecer ser algo sem realmente sê-lo. Isso seria uma farsa, uma mentira, e o pai da mentira continua sendo e sempre será o diabo. Fomos resgatados pelo Senhor Jesus Cristo para sermos transformados e renovarmos a nossa mentalidade.

O padrão mental que segue as diretrizes do mundo pode ser corrompido, pois se fundamenta no orgulho e na soberba. Portanto, devemos nos opor a ele e alinhar nossos pensamentos aos de Deus. Transformemo-nos pela renovação do nosso entendimento, para que possamos experimentar a boa, perfeita e agradável vontade de Deus.

Temos a mente de Cristo e não devemos mais nos conformar com a mediocridade do mundo.

Mediocridade

"Até quando vocês, inexperientes, irão contentar-se com sua inexperiência? Vocês, zombadores, até quando terão prazer na zombaria? E vocês, tolos, até quando desprezarão o conhecimento?" (Provérbios 1,22)

Responda com sinceridade absoluta: quantas pessoas excelentes você acha que conhece de fato? E quantas são as medianas?

Há um abismo entre os dois números. Mas será que essa desproporcionalidade indica que é melhor ser mediano em vez de excelente? Minha resposta categórica é: não!

A quantidade imensamente maior de pessoas medianas em comparação às excelentes apenas indica que é mais fácil viver na mediocridade.

A excelência exige comprometimento e qualidade excepcionais, enquanto a mediocridade se limita a cumprir o mínimo esperado, resultando em estagnação. Enquanto a mediocridade aprisiona, a busca pela excelência liberta, mas exige esforço e dedicação para alcançar o pleno potencial e deixar um legado. Provérbios ressalta as características de pessoas medíocres, alertando-nos a superar essa condição:

Contentamento com a inexperiência

Sabe aquele tipo de pessoa excessivamente acomodada ou complacente, que vive repetindo a frase "o bom é inimigo do ótimo"? Pois é, Salomão nos mostra que a primeira característica de um medíocre é o contentamento com a inexperiência. Ou seja, o medíocre não quer viver para aprender e nem mesmo parar para ouvir quem pode instruí-lo.

Prazer na zombaria

A segunda característica de um medíocre é o seu prazer em zombar. Quando faço referência à zombaria, não estou sugerindo que você não deva ser alguém extrovertido. Existem pessoas que ultrapassam limites e acabam se envolvendo em comportamentos desrespeitosos. Por exemplo, alguém que sempre faz comentários inconvenientes e constrangedores ou, como se diz popularmente, "perde o amigo, mas não perde a piada". Elas parecem se alimentar da falta de respeito, como se bebessem diretamente dessa fonte.

A verdadeira grandeza não reside na capacidade de humilhar ou menosprezar os outros, e sim em promover o respeito e a empatia. A excelência está em reconhecer o valor de cada indivíduo e tratar a todos com dignidade. Nossas palavras e ações devem ser guiadas pelo amor e pela consideração pelos outros. Somente assim poderemos construir relacionamentos saudáveis.

Desprezo pelo conhecimento

Esta é a última atitude medíocre abordada por Salomão: desprezar o conhecimento.

"O temor do Senhor é o princípio do conhecimento, mas os insensatos desprezam a sabedoria e a disciplina." (Provérbios 1,7)

O medíocre tende a se contentar com um nível superficial de compreensão; ele recusa aprofundar-se em assuntos ou buscar mais informações. Esse desprezo pelo conhecimento é produto de uma mentalidade de estagnação e conformismo.

A excelência está intrinsecamente ligada à busca pelo conhecimento. Aqueles que almejam a excelência se esforçam para adquirir saberes relevantes em sua área de atuação, dedicando-se ao estudo, à pesquisa e ao aprimoramento.

Subterfúgio

Em Romanos 1,20, lemos: "Pois, desde a criação do mundo, os atributos invisíveis de Deus, seu eterno poder e sua natureza divina, têm sido vistos claramente, sendo compreendidos por meio das coisas criadas, de forma que tais homens são indesculpáveis".

O subterfúgio ou a atitude de inventar desculpas nos exime da responsabilidade, impedindo-nos de admitir nossas falhas e de aprender com elas. Em vez de buscar justificativas, devemos encarar os desafios, assumindo nossas ações e encontrando maneiras de melhorar e crescer.

O ser humano é a única espécie capaz de inventar uma realidade paralela que, na verdade, nem existe, mas serve ao propósito de convencer pessoas ou desviar a atenção delas de um fato que, esse sim, é real. Os especialistas em marketing político sabem o quanto é possível manipular informações para beneficiar determinado candidato. E o que dizer da enxurrada de fake news que assola as redes sociais mundo afora? Não se trata de mentiras contadas pura e simplesmente, mas de elementos de realidade cuidadosamente deturpados para atingir determinado público ou objetivo.

É muito comum alguém descumprir um combinado e apresentar uma série de argumentos que nada justificam, apenas encobrem a falta de compromisso.

Voltando ao exemplo de Gideão, ele teve a oportunidade de estar com Deus, pois foi Ele (o texto bíblico refere-se ao Anjo do Senhor com letra maiúscula) que Se apresentou e disse: "Gideão, eu estou vendo a situação em que meu povo está vivendo".

O estopim dessa situação aparece logo no início de Juízes 6: "De novo os israelitas fizeram o que o Senhor reprova" (versículo 1). Por essa desobediência, o Senhor entregou os israelitas nas mãos dos midianitas, que começaram a saquear, destruir e matar o povo de Deus.

Como vimos anteriormente, quando o anjo apareceu, Gideão estava "quebrando um galho" ao manipular o trigo no tanque de prensar uvas para escondê-lo dos midianitas. Certamente, todos nós conhecemos pessoas que agem dessa maneira, que "dão um jeito" e até alegam razões plausíveis para isso.

Ninguém menos do que Deus atestou: "Gideão, o Senhor está com você, poderoso guerreiro" (Juízes 6,12), mas ele titubeou, olhou para um lado, olhou para o outro, e pensou: "Isso não tem nada a ver com quem eu sou, olha a situação em que me encontro". O Senhor insistiu: "Eu não o vejo como você se vê, eu o vejo como eu o fiz para ser, eu o vejo da forma como o chamei, como planejei tudo aquilo que tenho preparado para você". E novamente o chamou de poderoso guerreiro. Perceba que Deus desmascarou completamente o argumento enganador que confundia a mente de Gideão.

Mesmo assim, o homem ainda tentou justificar: "Mas eu sou o menor da minha casa e minha família não é importante". Ao que o Senhor respondeu: "Com a força que você tem, preste atenção. Sua desculpa pode ser plausível, aceitável, e até uma realidade, mas o que conta em toda essa história — e em tudo o que você viveu até aqui — é que, antes de qualquer marca que você carrega em seu interior, antes dos traumas e das feridas, o que é poderoso, o que é real, o que é forte é a forma como Eu o criei".

E quanto a você, quantas desculpas já inventou para se afastar de quem Deus é e para deixar de viver tudo o que Ele planejou para a sua vida?

A palavra do Senhor diz que Ele nos viu antes mesmo de termos forma no ventre da nossa mãe. E também diz que Ele nos chamou pelo nosso nome.

Deus não domina apenas aquilo que passamos. Ele conhece a nossa dor, mas não nos define por meio dela ou de qualquer outro trauma. Ele nos define pelo propósito que tem para a nossa vida. Ele fez planos para o poderoso guerreiro que cada ser humano é.

E Deus está dizendo que é com essa força que você vai vencer todas as oposições em sua vida!

Em 2017, passei por um período em que fiquei sem um ministério e sem uma igreja. Parecia que tudo estava acontecendo na vida de todo mundo, exceto na minha. Eu acompanhava pelas redes sociais, pelo YouTube e por todos os meios possíveis diversas atualizações em relação a metas profissionais e pessoais de outras pessoas. Enquanto isso, na minha vida, tudo parecia ter parado.

Foi então que o Senhor me disse que iria me ensinar a viver no Seu tempo e a esquecer tudo aquilo que me fazia sentir menor, inferior e insuficiente. Ele prometeu trazer uma aceleração sobre a minha vida e uma graça poderosa que abriria acessos e portas, facilitando tudo o que antes era difícil.

Aos meus olhos humanos, isso parecia impossível e eu poderia ter feito como Gideão, mas decidi confiar no que o Senhor me disse, e Ele estava cumprindo suas promessas.

Em um curto período, aquilo que levaria muito tempo para acontecer se concretizou. E saiba que isso é apenas o começo de feitos ainda maiores que Ele tem preparado para mim. E Deus está pronto para realizar obras grandes e maravilhosas na sua vida também.

Por isso, apresento meu parecer categórico:

Não adianta dar desculpas para evitar aquilo que Deus está chamando você para viver! Não adianta dar justificativas, plausíveis ou não, porque o Senhor conhece quem você é. Ele chamou você pelo seu nome e não fez planos para a pessoa errada.

Enquanto você faz esta leitura, Ele está dizendo: "Não estou ouvindo as suas desculpas".

Medo

Esse inimigo nos limita, nos paralisa e nos impede de avançar em direção aos nossos propósitos.

Vamos considerar alguns aspectos das histórias de Josué e de Moisés, bem como da Parábola dos Talentos, que nos inspiram a superar nossos medos e a confiar nas promessas de Deus.

A Josué, chamado a liderar o povo de Israel na conquista de Canaã, Deus disse: "Não fui eu que ordenei a você? Seja forte e corajoso! Não se apavore nem se desanime, pois o Senhor, o seu Deus, estará com você por onde você andar" (Josué 1,9).

Esse discurso de Deus para Josué é o mesmo que Ele dirige a nós hoje. Ele nos encoraja a enfrentarmos nossos medos, a confiarmos em Deus e a seguirmos adiante com coragem, cumprindo nosso propósito com excelência.

Em outra passagem, Deus encontra um homem chamado Moisés e diz: "Eu vou usá-lo para fazer uma grande obra na vida do meu povo". Moisés tinha apenas um cajado e era gago, por isso questionou como poderia se apresentar diante do faraó. Deus lhe disse que seu irmão o acompanharia e que, com o cajado, ele abriria o mar.

Não importam suas limitações, incapacidades ou medos. Se você disser "Eu aceito", prepare-se, porque o Senhor fará maravilhas na sua vida e por intermédio dela. Assim como Moisés, você verá água se transformar em sangue, o céu se abrir, uma nuvem em sua direção e uma coluna de fogo no seu encalço durante a noite. Verá as coisas mudarem e testemunhará milagres em sua vida. Até mesmo as pedras chorarão, porque Deus não nos deu um espírito de medo.

Em Mateus 25,14-30, a Parábola dos Talentos também é bastante ilustrativa a respeito do medo que sentimos:

Em resumo, um homem recebeu cinco talentos, outro recebeu dois talentos e um terceiro recebeu apenas um talento. O guardião dos cinco talentos os investiu e obteve lucro, entregando ao seu senhor dez talentos. O que tinha sob sua responsabilidade dois talentos investiu ambos e obteve quatro. Já aquele que recebeu um talento teve medo e preferiu não arriscar, pois conhecia a natureza severa e rígida do seu senhor em relação às finanças. Ele disse ao dono dos bens: "Eu sei que o senhor é um homem severo, que colhe onde não planta e junta onde não semeou. Por isso, tive medo e escondi o seu talento". O senhor respondeu: "Servo mau e negligente, você sabia que eu colho onde não plantei e junto onde não semeei. Portanto, você deveria ter confiado o meu dinheiro aos banqueiros, para que, quando eu voltasse, o recebesse de volta com juros". E ordenou: "Tirem o talento dele e deem ao que tem dez. Pois a quem tem mais será dado, e terá em grande quantidade. Mas a quem não tem, até o que tem lhe será tirado. E lancem fora o servo inútil, nas trevas, onde haverá choro e ranger de dentes".

Assim como o proprietário dos bens confrontou o homem que teve receio, Deus confronta o medo que está nos impedindo de viver as maravilhas que Ele tem para nós.

Enquanto você faz a leitura deste capítulo, eu creio que o medo que sente cairá por terra. O pânico, a ansiedade e o temor não têm motivo para existir. Em nome de Jesus Cristo, todas as correntes serão quebradas e você vencerá o medo hoje! A palavra do Senhor está sobre a sua vida e, em nome de Jesus Cristo, vai se cumprir.

Deus não é homem para mentir nem filho do homem para se arrepender da palavra que sai da Sua boca. E também não quer ser julgado pelo medo que você sente. A palavra que sai da boca de Deus se cumpre de acordo com o propósito para o qual foi liberada.

Para finalizar, declare com fé e autoridade:

"Eu venço o espírito da preguiça, do ressentimento, do egocentrismo, do perfeccionismo, da mediocridade, do subterfúgio e do medo. Em nome de Jesus!".

PAUSA PARA A AUTOANÁLISE

Neste ponto da nossa jornada, você já se deu conta de que, mais do que buscar a real excelência, o **Batismo** tratado aqui exige que você identifique e derrube todas as barreiras que construiu contra a manifestação dessa Presença Divina dentro de si ao longo do tempo.

Por isso, convido-o a realizar uma autoanálise sincera e humilde sobre o seu crescimento pessoal. Caso essa análise resulte em uma avaliação negativa, não se preocupe, ainda temos tempo para trabalhar os pontos identificados por meio do programa elaborado especialmente para a construção de um espírito excelente.

Você está espiritualmente saudável?

"Quanto ao mais, irmãos, já os instruímos acerca de como viver a fim de agradar a Deus e, de fato, assim vocês estão procedendo. Agora lhes pedimos e exortamos no Senhor Jesus que cresçam nisso cada vez mais." (1 Tessalonicenses 4,1)

Nesse trecho das Escrituras, o Apóstolo Paulo observa o desenvolvimento espiritual dos irmãos em Tessalônica, na Macedônia, fazendo uma analogia com o crescimento biológico humano, que geralmente se encerra em certa idade. A partir dessa comparação, ele ressalta a necessidade de um crescimento interno contínuo. Pois, se alguém não continua a se desenvolver espiritualmente, algo está errado.

Assim como o corpo humano, que evolui e funciona bem quando todas as funções biológicas e os nutrientes essenciais ao organismo estão adequados, o espírito precisa se desenvolver. Sendo assim, é válido questionar se estamos espiritualmente saudáveis. A estagnação espiritual é uma consequência de algo que está faltando.

O que está em falta interrompe o processo de crescimento, tanto físico quanto espiritual. É importante reconhecer que não fomos chamados para sermos eternos "bebês espirituais".

Você diminui ou cresce na provação?

Fomos chamados — e esta é a expectativa presente no coração do Senhor — para amadurecer em nossa vida espiritual e nos tornarmos pessoas mais do que provadas.

Certamente, todos enfrentamos provações. Muitas vezes, elas se tornam motivo de murmuração, que nada mais é do que a insatisfação em nossa alma. Quando a provação se resume a isso, ela se transforma em um grande problema. O murmúrio é uma distração usada pelo diabo para desviar nossa visão, perturbar nossa mente, exacerbar nossas emoções, fortalecer nosso individualismo e alimentar um espírito de incredulidade por meio de dúvidas que começam de forma sutil, mas crescem e passam a governar nosso ser. Isso resulta em falta de fé, indiferença e frieza espiritual, tornando-nos imaturos na fé e indiferentes ao que Deus está dizendo e fazendo por nós.

É nesse momento que os versículos da Bíblia perdem o poder transformador da palavra de Deus em nosso coração, tornando-se apenas jargões religiosos. Ou seja, memorizamos e pronunciamos bem as palavras, mas elas já não têm força ou poder sobre nós e nossa família.

A quantas anda a sua maturidade espiritual?

Veja o que o texto bíblico em que Paulo diz:

"Tenham cuidado com a maneira como vocês vivem; não sejam insensatos, mas sejam sábios, aproveitando ao máximo cada oportunidade, pois os dias são maus. Portanto, não sejam insensatos, mas procurem compreender qual é a vontade do Senhor. Não se embriaguem com vinho, que leva à libertinagem, mas se encham do Espírito, falando entre vocês com salmos, hinos e cânticos espirituais, cantando e louvando de coração ao Senhor, dando graças constantemente a Deus Pai por todas as coisas, em nome de nosso Senhor Jesus Cristo." (Efésios 5,15-20)

Perceba o direcionamento de Paulo. Ele nos mostra que nossa vida é uma jornada contínua em busca de compreender a vontade do Senhor, para que possamos viver de acordo com ela.

O maior problema é que queremos conhecer a vontade do Senhor apenas em áreas específicas da nossa vida. Os solteiros desejam saber a vontade de Deus a respeito de relacionamentos amorosos, enquanto os que estão saindo da universidade buscam saber a vontade do Senhor para suas carreiras profissionais.

Entretanto, viver de maneira sábia significa fazê-lo conforme o salmista pede: "Ensina-nos a contar os nossos dias, para que alcancemos um coração sábio, pois o temor do Senhor é o princípio da sabedoria" (Salmo 90,12).

Uma criança, por natureza, age conforme a própria vontade. É por isso que ela precisa da orientação dos pais para ensiná-la sobre os limites, que não são meras restrições, mas estruturas de proteção que visam garantir a segurança.

Quando um pai disciplina o filho, é natural que a criança inicialmente não compreenda e questione a correção. No entanto, se ela não for corrigida nem enfrentar as consequências de suas ações, os pais estarão criando um cenário perigoso, colocando em risco o futuro e até mesmo a vida desse filho.

À medida que esse filho cresce e começa a compreender melhor o mundo ao seu redor, ele percebe que a vida não se resume a fazer tudo o que se deseja. Na verdade, ela é mais sobre fazer o que é necessário, mesmo contrariado. Assim, a criança amadurece e adquire segurança.

O grande problema da geração atual é que ela se tornou robusta em termos físicos, tecnológicos, financeiros e de informação, mas frágil em sua estrutura emocional. A fragilidade se manifesta na mente e na alma.

Estamos lidando com uma geração de jovens imediatistas, excessivamente afetados por aquilo que os cerca. Qualquer revés impacta, machuca e fere, tornando-se motivo para desistir, retroceder, divorciar-se e até mudar de religião. Para mudar isso, é necessário buscar uma fé, um espírito e uma alma sustentáveis.

Você está sendo diferente em um mundo de iguais?

> Vocês são o sal da terra. Mas se o sal perder o seu sabor, como restaurá-lo? Não servirá para nada, exceto para ser jogado fora e pisado pelos homens. Vocês são a luz do mundo. Não se pode esconder uma cidade construída sobre um monte. E, também, ninguém acende uma candeia e a coloca debaixo de uma vasilha. Pelo contrário, coloca-a no lugar apropriado, e assim ilumina a todos os que estão na casa. Assim brilhe a luz de vocês diante dos homens, para que vejam as suas boas obras e glorifiquem ao Pai de vocês, que está nos céus (Mateus 5,13-16).

Você nasceu e vive para a glória de Deus. Não existe nada que Deus mais ame do que a Sua glória! A glória d'Ele não é dividida com ninguém. Foi por causa dessa glória que Cristo foi enviado (ver João 1,14; João 17,1-5; Filipenses 2,9-11).

A obra de Cristo no calvário nos destina agora a sermos Seu povo, chamados para viver a Sua glória. Fomos resgatados do império das trevas e transportados para o Reino do Seu amor para que, como cidadãos desse Reino, manifestemos e tornemos a glória de Deus conhecida sobre a face da Terra!

A glória de Deus está intrinsecamente ligada à Sua natureza perfeita e majestosa. Ele é o Deus Todo-Poderoso, cheio de amor, justiça e bondade. Ao refletirmos a Sua glória, estamos reconhecendo a Sua soberania e buscando viver em conformidade com Seus propósitos.

A busca pela excelência é o resultado natural do desejo de refletir a glória de Deus. E, volto a insistir, não se trata apenas de alcançar determinado nível de habilidade ou desempenho, mas de construir a melhor versão de nós mesmos em todas as áreas da nossa vida.

Viver para a glória de Deus é experimentar a plenitude da glória de viver!

Certamente, refletir a glória de Deus no dia a dia, no convívio familiar, no ambiente acadêmico ou no trabalho é mais difícil do que fazer o mesmo durante o culto ou servindo a um ministério. Essa glória não se limita a uma existência comum e medíocre. Pelo contrário, é um esforço para alcançarmos nosso pleno potencial e manifestarmos a excelência em todas as áreas da vida. Viver com glória envolve o desenvolvimento dos nossos dons, talentos e habilidades, e uma busca constante pelo crescimento e pelo aprimoramento pessoal.

Fomos criados para fazer a diferença; portanto, não devemos ser iguais aos outros. Precisamos preservar nossa identidade e as marcas que Cristo tem deixado em nossa vida. É por meio dessas marcas que permanecemos em espaços de excelência e cultivamos relacionamentos excelentes.

Você está vivendo por viver?

Você é uma testemunha viva a respeito d'Aquele que morreu, mas, cumprindo o Seu Propósito, ressuscitou no terceiro dia. Por isso, nós não temos o direito de viver de qualquer jeito, já que a nossa vida comunica quem Deus é:

"Assim brilhe a luz de vocês diante dos homens, para que vejam as suas boas obras e glorifiquem ao Pai de vocês, que está nos céus." (Mateus 5,16)

O termo grego traduzido como "boas obras" no texto citado é *kalos ergon. Kalos* refere-se a algo que é bom, bonito, nobre, excelente ou virtuoso. Não se trata apenas da qualidade aparente, mas da essência e do propósito por trás dessa qualidade. É uma palavra que carrega sentido moral e ético, descrevendo algo que é intrinsecamente bom e correto. Já a palavra *ergon* refere-se a ações, feitos ou atividades realizadas por alguém. Diz respeito às obras físicas, práticas e visíveis que uma pessoa realiza em seu cotidiano.

Ao mencionar as boas obras, Jesus está se referindo às ações e comportamentos virtuosos que são evidências tangíveis do caráter e da presença de Deus na nossa vida. Essas boas obras são um reflexo da Sua glória. Não praticar boas obras, além da falta de ação, é uma escolha deliberada de não viver para a glória de Deus.

Jesus mostra que não há glorificação em algo feito sem excelência. Fazer de qualquer jeito é a medida de quem está nas trevas. Estar nas trevas é ter os olhos do entendimento vendados pelo próprio ego.

Você se lembra do que já pontuamos sobre a medida do nosso individualismo?

Tudo aquilo que diz respeito apenas à zona de conforto pessoal (como eu me sinto, a condição na qual me encontro etc.) faz a nossa medida de entrega de excelência encolher. Ou seja, o individualismo gera limitações na prática de excelência, com justificativas tão elaboradas e plausíveis que fazem até a famosa "falta de disposição" parecer algo completamente aceitável: "Ele não merece"; "Eu não estou bem hoje"; "Tenho poucos recursos"; e assim por diante.

Enfaticamente, podemos concluir que a excelência não diz respeito a quem o outro é, ao meu estado emocional e, muito menos, aos recursos que possuo. Quem é excelente, mesmo em um casebre de piso de barro, encontrará uma forma de ajeitar o chão para fazê-lo brilhar, para que suas boas obras sejam reconhecidas!

O que deve ser contemplado por intermédio da sua vida é tudo aquilo que é bom e excelente.

Qual é a qualidade dos seus frutos?

"Cuidado com os falsos profetas. Eles vêm a vocês vestidos em peles de ovelhas, mas, por dentro, são lobos devoradores. Vocês os reconhecerão por seus frutos. Pode alguém colher uvas de um espinheiro ou figos de ervas daninhas? Semelhantemente, toda árvore boa dá frutos bons, mas a árvore ruim dá frutos ruins. A árvore boa não pode dar frutos ruins, nem a árvore ruim pode dar frutos bons. Toda árvore que não produz bons frutos é cortada e lançada ao fogo. Assim, pelos seus frutos vocês os reconhecerão!" (Mateus 7,15-20)

Perceba que este texto é complementar àquele sobre o qual discorremos anteriormente. Aqui, novamente Jesus disserta sobre os bons frutos (boas obras) e, mais uma vez, faz uso da expressão grega *kalos ergon*.

Jesus afirma que "toda árvore que não produz bons frutos é cortada e lançada ao fogo". Essa afirmação enfática não se refere à produção de frutos, mas à qualidade deles.

Em Mateus 5,16, Jesus disse que as pessoas devem perceber as boas obras praticadas. E, em Mateus 7,20, há uma observação semelhante: "[...] pelos seus frutos os reconhecerão".

Nas palavras poderosas de Jesus, encontramos um chamado profundo à reflexão e à transformação. Sua afirmação categórica sobre o destino da árvore que não dá bons frutos ecoa como um trovão em nosso coração. É um convite para examinarmos nossa vida e questionarmos: "Quais frutos estamos produzindo? Estamos vivendo de acordo com os princípios de justiça, compaixão e generosidade que Jesus nos ensinou?".

As palavras do Senhor nos lembram que de nada adianta professar a fé se não vivermos de forma coerente com ela.

Devemos ser luzes brilhantes neste mundo, deixando transparecer boas obras que inspiram e transformam vidas. Pois é pelos nossos frutos que seremos reconhecidos; eles são a materialização da nossa essência e do compromisso com o Reino de Deus.

Todos sabemos que nenhuma árvore começa nos frutos ou nos galhos, havendo, por assim dizer, um processo orquestrado de desenvolvimento que emana das raízes. Em analogia, podemos afirmar que a nossa mente é uma espécie de "raiz primária", da qual derivam todas as nossas capacidades. É na mente que os pensamentos surgem, ganham forma e se transformam em sentimentos profundos. Esses sentimentos são expressos por meio da linguagem verbal, que utiliza palavras, revelando nossas emoções mais íntimas, mas é por meio das atitudes que essas palavras se tornam tangíveis, deixando uma marca indelével no mundo ao nosso redor. Cada ato, cada escolha molda gradualmente nosso caráter, tornando-se um hábito arraigado. Tais hábitos, por sua vez, definem o curso da nossa vida.

Essa dança complexa entre pensamentos, sentimentos, palavras, atitudes e hábitos cultivados ao longo dos anos desempenha um papel crucial na formação de quem somos e na trilha que percorremos. Ela impacta sobremaneira a nossa essência, que é divina, mas sofre forte influência mundana.

Portanto, é vital reconhecer o poder da nossa mente e a responsabilidade que temos sobre ela. Cada pensamento que nutrimos pode florescer em uma realidade tangível. Tal como sementes, as palavras, as atitudes e os hábitos se desdobram em algo maior. Não é por acaso que a busca pela excelência depende de uma mudança no padrão mental, que se manifesta por meio do nosso comportamento. Mesmo alguém extremamente capaz pode ter dificuldade em manter um emprego por longos períodos, por exemplo. O que nem sempre é consequência de falta de habilidade ou dedicação, mas de um comportamento inadequado que não colabora com a permanência dessa pessoa naquele ambiente.

Com base nisso, quero que entenda como o seu padrão mental pode ser redirecionado a partir de uma busca pela excelência, com impacto direto e positivo sobre o seu perfil comportamental.

A excelência não é fragmentada; ela é integral. Aquele que é excelente evidencia bons frutos em todo o seu ser! A excelência é comprovada no comportamento, que comunica quem realmente somos.

Atentemo-nos para o que afirma o texto de João 2,4-5; 8-9:

"Respondeu Jesus: 'Que temos nós em comum, mulher? A minha hora ainda não chegou'. Sua mãe disse aos serviçais: 'Façam tudo o que ele mandar'. [...] Então, lhes disse: 'Agora, levem um pouco ao encarregado da festa'. Eles assim fizeram, e o encarregado da festa provou a água que fora transformada em vinho, sem saber de onde este viera, embora o soubessem os serviçais que haviam tirado a água. Então, chamou o noivo."

Jesus, em Sua jornada terrena, submeteu-se a várias formas de autoridade. A primeira foi aquela representada por Seus pais terrenos, com destaque especial para Sua mãe. Nessa ocasião relatada no livro de João, Jesus não apenas agiu, mas também Se comportou com excelência. Ele se submeteu à autoridade do encarregado de provar o vinho servido na festa.

Ser uma pessoa excelente não se resume a fazer algo bem-feito, mas também, e sobretudo, está relacionado à excelência manifestada em nosso comportamento. Mesmo sendo superior a todos por ser Quem é, Jesus submeteu-se à apreciação dos peritos daquela época.

Portanto, é crucial que nos concentremos em cultivar um comportamento de excelência. Devemos estar atentos à maneira como nos relacionamos com os outros e nos apresentamos ao mundo, e não apenas às nossas habilidades e competências. Cada ação, cada palavra, cada expressão facial transmite uma mensagem sobre nossa verdadeira essência.

Se desejamos ser excelentes, precisamos constantemente avaliar e aprimorar nosso comportamento. Isso significa cultivar a empatia, a paciência e a humildade nas interações com os outros. Significa assumir a responsabilidade pelo que fazemos e reconhecer que o impacto que causamos nas pessoas e nos ambientes ao nosso redor é determinante.

Não basta apenas demonstrar habilidades e competências; é necessário que essas habilidades sejam acompanhadas por um comportamento adequado, respeitoso e alinhado aos valores que defendemos. A excelência transcende o desempenho técnico e alcança as dimensões do caráter e da integridade.

Portanto, busquemos ser pessoas completas, que irradiam excelência em todos os aspectos da vida. Que nossas ações e atitudes sejam um reflexo genuíno da nossa essência e dos valores que carregamos. Que, ao interagir com o mundo, possamos transmitir uma mensagem clara: somos indivíduos comprometidos com a excelência. Sua vida "fala" e está sendo observada. As pessoas anseiam ver algo extraordinário em você.

A nossa vida deve ser um reflexo da manifestação da glória de Deus em todas as dimensões e ambientes! Ele está comprometido com a revelação de Sua glória, e aqueles que se comprometem a viver para ela encontram um aliado fiel em sua jornada. Pois, por meio dessa busca, Deus reconhece o esforço de quem se empenha em ir além da mediocridade e do espírito comum. Ele enxerga a disposição em agradá-Lo, independentemente do lugar onde a pessoa está ou do tempo que lhe seja dado.

Eu creio que assim será em sua vida!

As pessoas testemunharão a excelência em tudo o que você fizer e depositarão confiança em você para empreitadas cada vez maiores. Você pode ser um agente de transformação, uma luz brilhante em meio à escuridão.

Sua busca pela excelência e sua dedicação em fazer sempre o melhor farão com que se destaque em cada empreendimento que realizar. As pessoas não apenas perceberão sua habilidade, mas também verão o amor e a paixão que você deposita em cada tarefa. À medida que você continuar a trilhar o caminho da excelência, as portas se abrirão diante de você.

Daniel, que foi exilado na Babilônia, alcançou reconhecimento por ser um homem de espírito excelente. Esse reconhecimento não se devia apenas à sua habilidade, mas era, de fato, um reflexo da sua verdadeira essência, evidenciada pelo seu comportamento e, naturalmente, pela sua competência ao desempenhar tarefas de forma exemplar.

Não é sobre cumprir apenas obrigações diárias, mas refletir a grandiosidade divina em cada ato, em cada palavra e em cada relacionamento.

O seu coração é ensinável?

Vimos que, a fim de obter grandes colheitas, é necessário escolher sabiamente a direção a seguir. E, muitas vezes, para seguir na direção correta, é necessário ouvir e humildemente aceitar ser guiado. As pessoas que vivem e experimentam grandes resultados são aquelas que prestaram atenção às instruções corretas.

O Salmista declarou: "Feliz é o homem que não segue o conselho dos ímpios" (Salmos 1,1).

O direcionamento traz alegria, pois é uma bem-aventurança para aqueles que o seguem. Já os que ouvem e acatam uma orientação equivocada caminham em direção à frustração. Em Lucas 5,5, Simão disse: "Mestre, esforçamo-nos a noite inteira e não pegamos nada. Mas, porque és tu quem está dizendo isto, vou lançar as redes".

Ou seja, devemos prestar atenção a quem estamos ouvindo. O sucesso da "pesca" dependerá disso. Jesus tinha uma autoridade que fazia o coração daqueles que O ouviam se render.

Quando você perceber em alguém uma autoridade que vai além do comum e que deseja conduzir seus passos, não resista, renda-se. Certamente essa pessoa é um instrumento enviado por Deus para curar suas decepções e os sentimentos de fracasso que você encontrou ao longo do caminho.

Salomão escreveu: "O orgulho vem antes da destruição; o espírito altivo, antes da queda" (Provérbios 16,18).

Sabemos que crianças e adolescentes frequentemente enfrentam dificuldades em seguir orientações, muitas vezes priorizando seus próprios desejos. Por isso, é urgente o esforço para guiarmos nossos jovens!

Se o egocentrismo humano não for equilibrado desde cedo, encontraremos adultos com grande dificuldade em amadurecer e em ter um coração humilde e receptivo ao ensino.

Busquemos sempre ouvir a voz dos mais experientes, que já percorreram o caminho que estamos trilhando. Mais ainda: devemos nos cercar de pessoas que possuam um espírito excelente, pois assim poderão guiar-nos de forma eficaz.

Com frequência, trazemos para perto e nos conectamos com influências que atrasam nosso progresso. Por isso, é importante revisarmos periodicamente nossos relacionamentos, inclusive os perfis que seguimos nas redes sociais.

A maior parte do aprendizado humano ocorre pela observação. Daí a importância de termos as referências corretas.

O Apóstolo Paulo compreendeu isso desde cedo, ao ser instruído por Gamaliel, um grande líder entre as autoridades do Sinédrio, Corte Suprema judaica. Após sua conversão, conviveu com alguns irmãos antes de estabelecer igrejas e escrever cartas.

Hoje, muitos desejam ser especialistas da noite para o dia. Esse imediatismo faz com que se tornem generalistas sem experiência e sem conteúdo, emitindo opiniões superficiais e até propagando as chamadas fake news por falta de conhecimento.

Ao contrário disso, devemos ser direcionados por pessoas que apresentem resultados evidentes. Elas terão autoridade para nos confrontar, orientando-nos no caminho certo e na tomada de decisões corretas.

Você presta contas?

Talvez essa pergunta tenha causado alguma preocupação.

Na busca da verdadeira excelência, jamais podemos titubear, ter receio de compartilhar o que estamos fazendo e de prestar contas. Revelemos, pois, a verdade sobre a nossa vida, além do que é visível e do que postamos nas redes sociais.

Existem pessoas que passaram pelo processo rumo ao cumprimento da promessa, mas não a alcançaram porque quiseram seguir seu próprio caminho. Elas sentiram a dor do processo, mas não estavam dispostas a prestar contas. Isso denota espírito de rebeldia, um grande inimigo no caminho das conquistas.

É perigoso pensar que somos autônomos e não precisamos mais prestar contas ou compartilhar nossa vida com um confidente. Refiro-me a alguém a quem revelar os segredos de sua alma, coisas íntimas e profundas que não podem ser divididas com qualquer um.

Ser capaz de abrir o coração e prestar contas é um passo importante na construção de um espírito excelente.

Antes de prosseguir, quero que reflita sobre algo: onde você se vê daqui a cinco, dez ou vinte anos? Quais são seus sonhos e aspirações? E o mais importante: o que você está fazendo hoje para se tornar a pessoa que deseja ser no futuro?

Mantenha essas reflexões em mente à medida que avançamos, pois elas orientarão sua caminhada rumo ao espírito excelente.

A CONSTRUÇÃO DE UM ESPÍRITO EXCELENTE

O programa que você vai executar a partir deste ponto defende a busca radical da excelência.

Isso porque entendemos que a real excelência não pertence apenas ao plano do divino, ao universo dos religiosos, das pessoas fora de série que são exemplos de desapego, bondade e solidariedade. A excelência precisa estar no mundo!

A qualidade dos frutos que produzimos é um reflexo direto da nossa conexão com o Eterno e da nossa submissão aos ensinamentos espirituais. É preciso que estes sejam de qualidade, espelhando a bondade e o amor celestiais. Já enfatizamos a importância das boas obras. Caso sinta necessidade, volte à página 40 e consulte o tópico destinado à autoanálise.

Nosso desafio aqui é refletir sobre os frutos gerados por nós: estamos vivendo em alinhamento com os princípios da busca pela excelência?

Não falo de uma busca ingênua, e sim de uma Busca com B maiúsculo, uma conduta ativa, provocativa e transformadora.

A matriz dessa busca deve ser a Perfeição Divina, e não a perfeição mundana. Muitas vezes, a perfeição mundana reflete a Perfeição Divina de maneira distorcida e nos conduz por caminhos equivocados.

Ser excelente apenas na aparência equivale à falsidade. A verdadeira excelência é uma característica intrínseca de quem somos refletida em nossas ações. Se pertence à essência, também pertence ao espírito.

Não basta professar a fé; é preciso viver de maneira que a reflita.

Somos chamados a ser luz neste mundo, manifestando boas obras que inspiram e transformam. Nossos frutos são a expressão tangível da nossa essência e do nosso compromisso. Eles começam na mente, onde os pensamentos se formam e dão origem a sentimentos, palavras e atitudes.

Cada ação e escolha molda nosso caráter, definindo o curso da nossa vida.

Você foi chamado para ser visto!

Fomos chamados para sermos vistos, somos encorajados a brilhar nossa luz por meio de boas obras, espelhando a bondade, a beleza e a excelência divinas.

Você observará nos itens a seguir, que integram o seu **Batismo de Excelência**, que ora o programa soará assertivo, ora reativo, porque não podemos esquecer que estamos "trocando os nossos pneus com o carro andando". Ou seja, ao mesmo tempo que aprimoramos alguns aspectos, precisaremos identificar e derrubar outros que estão impedindo o desenvolvimento de um espírito excelente.

Durante todo o percurso, é essencial lembrar que não estamos sozinhos. Existem recursos, talentos e uma comunidade para nos apoiar nessa trajetória. E, à medida que continuamos a investir no desenvolvimento pessoal, nos aproximamos do nosso potencial máximo, que é ter um espírito verdadeiramente excelente.

I.
ENTENDENDO A EXCELÊNCIA
COMO UM COMPROMISSO PESSOAL

Primeiramente, a busca pela real excelência deve ser entendida como um compromisso pessoal. É uma escolha que temos de fazer todos os dias, em cada ação que realizamos e em cada decisão que tomamos. Por isso, eu o encorajo a não se contentar com pouco, pois, como já dito, você foi feito para brilhar.

A excelência não está naquilo que fazemos, mas em quem nós somos.

Aqui estamos nós, no presente, cada um com um chamado pessoal para se tornar excelente. Não é uma opção, é um mandado, sendo, assim, uma manifestação externa de uma graça interna; é um reflexo de quem somos e de como vivemos a espiritualidade no dia a dia.

A busca pela excelência não é apenas uma expressão retórica ou um conceito abstrato; é uma força motriz que tem o poder de transformar vidas e destinos. Mas por que ela é tão importante? Por que devemos nos esforçar tanto para alcançá-la em nossa vida pessoal e profissional? Permita-me desvendar essa questão para você.

A excelência é, antes de tudo e conforme já vimos, o que nos separa da mediocridade, isto é, de uma vida morna, sem conquistas, realizações, sem que deixemos nossa marca. Em um mundo em que a conformidade é frequentemente recompensada e a mediocridade é tolerada, ser excelente é um ato de resistência. É um desafio ao *status quo*, um chamado a ir além do que é fácil e confortável. É a busca incessante pelo melhor, e esse melhor é definido por você com base nos princípios eternos.

A excelência também tem implicações práticas em nossa vida profissional. No ambiente de trabalho, por exemplo, ela não é somente desejada, mas exigida. É o que faz alguém se destacar em uma multidão de competidores. É o que dá a vantagem competitiva em um mercado saturado. E, mais do que isso, é o que proporciona senso de realização e propósito, quando você sabe que deu o seu melhor.

Mas não pense que a excelência é aplicada apenas no ambiente de trabalho. Ela tem um lugar igualmente importante na vida pessoal. Tal característica em nossos relacionamentos, em nosso caráter e em nossa espiritualidade tem o poder de enriquecer a alma e trazer uma paz que transcende todo o entendimento.

A Bíblia nos encoraja a buscar a excelência nas habilidades, no caráter e na fé. José do Egito e Daniel são exemplos notáveis. José, vendido como escravo, tornou-se uma figura influente no Egito devido à sua integridade e fé em Deus. Daniel, mesmo em terras estrangeiras, manteve sua devoção a Deus, combinando sabedoria com fidelidade. A Bíblia nos desafia a melhorar nossas competências e a viver de acordo com valores divinos, buscando um propósito eterno.

Finalmente, e talvez o mais importante, buscar a excelência é um ato de adoração. Quando nos esforçamos para ser excelentes, estamos, na verdade, honrando a Deus com os talentos e habilidades que Ele nos deu e respondendo ao chamado divino para sermos "perfeitos como perfeito é o Pai celestial" (Mateus 5,48).

Então, por que a excelência realmente importa?

Porque ela é o caminho para uma vida plena, significativa e alinhada com o Propósito divino. É a manifestação visível de uma vida internamente rica e espiritualmente alinhada. E isso é algo pelo qual vale a pena se esforçar.

2.
PREPARANDO-SE PARA A JORNADA

Já sabemos que a real excelência é uma jornada, não um destino. E, como toda jornada, requer preparação. Ao longo dos anos, aprendi que é essa a chave para alcançar a excelência em qualquer área da vida. Seja nos negócios, nas relações pessoais ou na caminhada espiritual, a preparação nos coloca à frente, nos dá vantagem e nos posiciona para o sucesso.

Em alguns momentos da minha vida, a falta de preparação me custou caro. Mas o que significa realmente se preparar para a excelência?

Significa entender profundamente o que você deseja alcançar, estabelecer metas claras e, então, dedicar tempo, energia e recursos para se equipar adequadamente, além de estar disposto a aprender, a crescer e a se adaptar.

Nesta etapa, compartilharei os princípios e as práticas que me ajudaram a me preparar para essa jornada. Vamos definir metas claras e significativas, aprender como se equipar para o sucesso e descobrir como superar os obstáculos que inevitavelmente surgirão pelo caminho.

ESTABELECIMENTO DE METAS E OBJETIVOS

Definir metas e objetivos é um passo fundamental na jornada da excelência. Sem um destino claro em mente, corremos o risco de nos perder no caminho, ou pior, de nunca começar a jornada. Ao longo dos anos, aprendi que as metas não são apenas desejos ou sonhos, mas compromissos firmes que fazemos conosco e com Deus.

Confesso que, quando estava começando a vida adulta, já me sentia sobrecarregado com as responsabilidades e os desafios à minha frente. Foi então que decidi me sentar e escrever o que realmente queria alcançar. Não apenas metas vagas, mas objetivos claros, mensuráveis e alcançáveis. E posso dizer com confiança que essa decisão transformou minha vida.

Mas como definimos metas claras e significativas?

Aqui estão os princípios que me guiaram, alguns baseados no "método smart" (na sigla em português: Específica, Mensurável, Alcançável, Relevante, Temporal).

Buscar direção espiritual

Como um ser trino (corpo, alma e espírito), busque conhecer o Propósito e os planos divinos para sua vida. Ao alinhar nossas metas com a vontade celestial, garantimos que estamos no caminho certo.

Ser específico

Metas vagas levam a resultados vagos. Em vez de dizer "quero crescer intelectualmente", defina o que isso significa para você. Pode ser "quero ler mais de seis livros em um ano" ou "quero dedicar uma hora todos os dias à minha tese de doutorado".

Tornar as metas mensuráveis

Para saber se você alcançou sua meta, você precisa ser capaz de medir seu progresso. Estabeleça critérios claros para avaliar seu sucesso.

Ser realista

É importante definir metas que sejam realistas e alcançáveis. Isso não significa restringir-se, e sim reconhecer suas capacidades e limitações atuais.

Estabelecer prazos

Uma meta sem um prazo é somente um desejo. Definir um prazo cria um senso de urgência e compromisso.

AUTOCONHECIMENTO E AVALIAÇÃO

O autoconhecimento é a chave para desbloquear nosso verdadeiro potencial. Ao longo da minha jornada, percebi que muitos de nós caminhamos pela vida sem realmente nos conhecermos. Vivemos à sombra de expectativas, padrões e comparações, muitas vezes ignorando nossa verdadeira essência e nossos dons.

Sócrates, nascido em Atenas por volta de 470 a.C., fundamentou sua filosofia na célebre máxima "Conhece-te a ti mesmo", inscrita no Templo de Apolo em Delfos. Para Sócrates, essa expressão não era apenas um adorno filosófico, e sim um lema essencial que delineava sua visão de busca pela excelência.

A máxima representava para Sócrates um convite à autoanálise constante. Ele acreditava que o verdadeiro entendimento de si mesmo era o ponto de partida crucial para alcançar o seu melhor em todos os aspectos da vida. Essa autorreflexão profunda, segundo o filósofo, nos permitia identificar virtudes a serem cultivadas e falhas a serem corrigidas, delineando uma jornada interior na busca pela virtude e sabedoria.

O método socrático, caracterizado por técnicas como a ironia e a maiêutica (fazer questionamentos para ajudar alguém a descobrir verdades ou conhecimentos que já possui), era uma ferramenta valiosa para instigar a autorreflexão nos outros. Sócrates não apenas aplicava essas técnicas em seus diálogos, mas as via como instrumentos para auxiliar os outros a explorarem os próprios pensamentos e crenças, promovendo uma compreensão mais profunda de si mesmos.

A filosofia de Sócrates destaca a importância fundamental do autoconhecimento na jornada rumo à excelência. Ao enfatizar a autorreflexão constante, Sócrates oferece uma abordagem atemporal para alcançar a virtude e a sabedoria. A máxima criada por ele continua a inspirar gerações, transcendendo épocas e áreas do conhecimento, reafirmando a relevância do entendimento pessoal na busca por uma vida plena e significativa.

Ao refletir sobre nossos pensamentos e sentimentos, identificamos comportamentos, crenças e áreas que precisam de crescimento. Na busca pela excelência, entender a nós mesmos nos permite reconhecer forças e fraquezas, agir de acordo com nossos valores e tomar decisões melhores.

Em determinado período, embora eu estivesse cumprindo o meu Propósito, sentia um vazio. Foi uma época de introspecção e reflexão, quando busquei entender quem eu realmente era, quais eram meus pontos fortes e em quais precisava melhorar. Esse processo trouxe lições transformadoras, como as que compartilho a seguir:

Entenda suas habilidades

Cada um de nós foi dotado de habilidades e talentos únicos. Reconhecê-los e aceitá-los é o primeiro passo para viver uma vida de propósito e excelência. Não se trata de orgulho, mas de identificar os dons divinos concedidos a nós.

Reconheça limitações

Assim como é importante reconhecer nossas habilidades, é igualmente importante entender nossas limitações. Todos nós temos áreas em que não somos fortes, e isso é completamente normal. Discernir essas limitações nos permite buscar ajuda quando necessário e não assumir além do que podemos lidar.

Avalie-se continuamente

À medida que crescemos e evoluímos, é essencial avaliar onde estamos e para onde vamos. Isso nos ajuda a permanecer no caminho certo e a fazer os ajustes necessários ao longo do trajeto.

Seja humilde

Em todo esse processo, a humildade é fundamental. Como sempre digo, a verdadeira grandeza não está em reconhecer o quanto somos bons, mas em reconhecer o quanto dependemos do Criador. O autoconhecimento, quando combinado com a humildade, leva a uma vida de verdadeira excelência.

3.
POTENCIALIZANDO VIRTUDES E VALORES

A real excelência é tecida com fios de habilidade, determinação, paixão e, acima de tudo, virtudes e valores. No entanto, para de fato entendê-la, devemos antes compreender o que são virtudes e valores e por que são tão relevantes nesta jornada.

VIRTUDES E VALORES

As virtudes são as qualidades que possuímos e que nos guiam em direção ao bem moral. Elas são o alicerce sobre o qual construímos nosso caráter e determinam a maneira como interagimos com o mundo ao nosso redor. As virtudes, como a coragem, a temperança, a justiça e a sabedoria, são universais e têm sido celebradas e cultivadas por culturas e religiões ao longo da história. Elas são nossa bússola moral, especialmente quando nos encontramos em bifurcações éticas.

Enquanto as virtudes são qualidades universais, os valores são crenças e princípios que cada indivíduo, família ou cultura pode ter. Eles são os princípios orientadores que moldam nossas decisões, atitudes e nossos comportamentos. Os valores podem variar de pessoa para pessoa, mas, em sua essência, refletem o que é mais importante para nós. Seja a honestidade ou a lealdade, seja a família ou a liberdade, nossos valores nos guiam em nossa jornada pela vida.

As virtudes e os valores são os pilares invisíveis que sustentam nossa existência. Eles influenciam quase todos os aspectos da nossa vida, desde as grandes decisões até as pequenas ações cotidianas. Ao reconhecer e honrar essas forças internas, podemos viver vidas mais autênticas, significativas e alinhadas com nosso verdadeiro propósito. Observe:

Tomada de decisão

Sempre que somos confrontados com uma escolha, nossos valores entram em jogo. Por exemplo, se valorizamos a honestidade, escolhemos ser transparentes mesmo quando a mentira parecer conveniente.

Reação a desafios

Quando enfrentamos adversidades, é nossa força interior, construída com virtudes como coragem e resiliência, que nos ajuda a perseverar. Em vez de desistir diante de obstáculos, nos levantamos e tentamos novamente.

Interações pessoais

As virtudes, como a empatia e a compaixão, influenciam a maneira como tratamos os outros. Se cultivarmos essas virtudes, seremos mais compreensivos e gentis em nossas interações, mesmo com estranhos.

Integridade

Mesmo quando ninguém está olhando, nossas virtudes e nossos valores nos impulsionam a fazer a coisa certa. Seja recusando participar de fofocas ou devolvendo dinheiro extra que recebemos por engano, agimos com integridade porque coincide com nossos valores internos.

Definição de prioridades

Nossos valores determinam o que é mais importante para nós. Por valorizarmos a família, fazemos um esforço consciente para passar tempo de qualidade com nossos entes queridos, mesmo em meio a agendas ocupadas.

Desenvolvimento pessoal

As virtudes e os valores também influenciam nosso desejo de crescimento e aprendizado contínuos. Se valorizamos a sabedoria, buscamos constantemente oportunidades para aprender e expandir nossos horizontes.

Contribuição para a comunidade

Muitos de nós sentimos um chamado para fazer algo em favor da comunidade ou da sociedade. Isso pode se manifestar em voluntariado, doações ou simplesmente ajudando um vizinho. Esse desejo de contribuir geralmente é impulsionado por valores como altruísmo e compaixão.

INFLUÊNCIA SOCIAL EM NOSSAS VIRTUDES E NOSSOS VALORES

A sociedade desempenha um papel fundamental na formação e na influência de nossas virtudes e nossos valores. Desde o momento em que nascemos, somos moldados pelas normas, tradições e expectativas culturais que nos cercam.

Normas culturais

Cada cultura tem um conjunto de normas e valores que são transmitidos de geração em geração. Essas normas definem o que é considerado aceitável ou inaceitável, certo ou errado, dentro dessa sociedade. Por exemplo, em algumas culturas, o respeito pelos mais velhos é altamente valorizado, enquanto em outras, a independência e a autodeterminação são mais enfatizadas.

Educação

O sistema educacional de uma comunidade desempenha um papel indispensável na transmissão de valores. Por meio da educação, os jovens são ensinados sobre a história de sua nação, os heróis culturais e os valores que a sociedade considera importantes.

Mídia e tecnologia

A mídia, seja ela tradicional ou digital, é uma poderosa influenciadora de valores. Por intermédio de filmes, músicas, notícias e redes sociais, somos constantemente expostos a diferentes perspectivas, ideias e valores. O que é retratado na mídia pode moldar nossas percepções do que é "normal" ou "desejável".

Religião

A fé tem sido uma força orientadora em muitas sociedades ao longo da história. Ela nos fornece um conjunto de princípios morais e éticos que guiam o comportamento dos indivíduos. Muitas virtudes, como compaixão, caridade e paciência, são frequentemente enfatizadas em contextos religiosos.

Interações sociais

As interações diárias com familiares, amigos e colegas também moldam nossas virtudes e valores. A aprovação ou desaprovação de um grupo social pode influenciar decisões e comportamentos.

Desafios e experiências de vida

As experiências que enfrentamos, adversidades ou triunfos, também moldam nossos valores. Por exemplo, alguém que passou por dificuldades financeiras pode valorizar a simplicidade e a prudência.

Legislação e governança

As leis e os regulamentos refletem e reforçam os valores de uma sociedade. Ao valorizar a igualdade, normalmente as leis proíbem a discriminação.

Enquanto cada indivíduo tem seu próprio conjunto único de virtudes e valores, eles são, em grande parte, um produto da sociedade em que vivem. Reconhecer essa influência nos ajuda a entender melhor nossas próprias crenças e comportamentos, bem como os dos outros.

Observando a dinâmica da sociedade contemporânea e os desafios que enfrentamos, há certas virtudes e certos valores que precisam ser constantemente cultivados para criar um mundo mais harmonioso e justo, como veremos a seguir.

VIRTUDES ESSENCIAIS

Como já mencionado, ser excelente não é apenas um objetivo a ser alcançado, mas um modo de vida. E, para viver dessa forma, existem virtudes essenciais que devem ser cultivadas e nutridas em nosso coração e em nossa mente. Estas virtudes são como as raízes de uma árvore, fornecendo a sustentação e a nutrição necessárias para que possamos crescer e florescer.

Compaixão

Sentir e entender o sofrimento alheio e agir para aliviá-lo. A compaixão nos conecta com os outros em um nível humano profundo e nos motiva a ajudar.

Comprometimento

Quase tudo requer dedicação e esforço contínuos. O comprometimento é o que nos impulsiona a dar o nosso melhor, mesmo quando as circunstâncias são desafiadoras. É a promessa que fazemos a nós mesmos de perseguir nossos objetivos com paixão e determinação.

Coragem

É a capacidade de enfrentar desafios, medos e adversidades com determinação. Ela nos inspira a agir de acordo com nossas convicções, mesmo diante de oposições ou riscos.

Empatia

Em um mundo cada vez mais polarizado, essa virtude é essencial. Ser empático é ter a capacidade de se colocar no lugar do outro, de entender suas emoções e perspectivas. Cultivá-la pode nos ajudar a reduzir conflitos, promover a compreensão mútua e construir pontes entre diferentes grupos e culturas.

Generosidade

Seja em termos de tempo, recursos ou conhecimento, a generosidade nos lembra da importância de ajudar os outros.

Gratidão

É o reconhecimento de todas as dádivas e oportunidades que recebemos. Ela nos conecta com uma perspectiva positiva da vida e nos ajuda a valorizar cada momento e cada experiência. A gratidão nos enche de alegria e contentamento, lembrando-nos das inúmeras maneiras pelas quais somos agraciados.

Integridade

A pedra angular de todas as virtudes. Ela nos chama a sermos verdadeiros em nossas palavras e ações, a vivermos de acordo com nossos princípios e a honrarmos nossos compromissos. Integridade é o que você faz quando ninguém está olhando. Ela é a base sobre a qual todas as outras virtudes são construídas.

Paciência

Virtude rara, mas essencial em um mundo que valoriza a gratificação instantânea. Ter paciência nos ensina a esperar, a perseverar e a confiar no processo. Ela nos permite enfrentar adversidades com calma e determinação, sabendo que, no tempo certo, colheremos os frutos de nossos esforços.

Resiliência

Diante dos desafios e incertezas da vida moderna, a capacidade de se recuperar de adversidades é primordial. Quando somos resilientes, conseguimos enfrentar dificuldades, aprender com elas e seguir em frente.

Solidariedade

Em tempos de crise global, como a pandemia do covid-19, fica mais evidente a importância de cuidarmos uns dos outros e de trabalharmos juntos para o bem comum.

Essas virtudes são a essência da excelência. Elas são o reflexo de coração e mente alinhados com os princípios divinos e os valores eternos. Ao cultivá-las em cada aspecto de nossa vida, nos preparamos para uma jornada de crescimento e realização. Portanto, tome decisões com sabedoria e justiça, buscando sempre o bem comum e agindo com retidão.

VALORES PESSOAIS E ÉTICA

Nossos valores são o reflexo de quem somos. Eles são formados por nossas experiências, crenças e os ensinamentos que damos e recebemos. Sempre destaco a importância de alinhar nossos valores com os princípios milenares, pois é por meio dessa aliança que encontramos a verdadeira direção e propósito em nossa vida.

A ética, por sua vez, é a manifestação prática dos valores. É a forma como escolhemos agir, como tratamos os outros e como tomamos decisões. A ética é o que nos diferencia e nos faz escolher o caminho certo, mesmo quando ninguém está olhando.

Em minha própria vida, sempre busquei viver de acordo com valores como integridade, honestidade, respeito e amor ao próximo. Esses são os princípios que guiam cada decisão que tomo e cada ação que realizo. São a base sobre a qual construí minha vida toda.

Mas como esses valores influenciam nossa busca pela excelência?

Amor ao próximo
É o que nos chama a cuidar, servir e apoiar uns aos outros, uma vez que, nesta jornada, estamos todos conectados.

Aprendizado contínuo
Em um mundo em rápida evolução, continuar aprendendo e se adaptando é essencial. Valorizar essa capacidade nos permite crescer pessoal e profissionalmente.

Autenticidade
Ser verdadeiro consigo mesmo e com os outros é um valor que nos permite construir relações genuínas e confiáveis.

Discernimento
Habilidade de julgar e decidir com sabedoria, considerando todas as informações e as consequências. O discernimento nos ajuda a tomar decisões informadas e éticas.

Honestidade
Ela nos permite enfrentar a realidade, reconhecer nossas falhas e limitações e buscar a verdade em todas as situações.

Justiça

Buscar a justiça significa tratar todos com equidade, sem favoritismo ou preconceito. É um valor fundamental para a construção de uma sociedade mais justa e reta.

Respeito

É o que nos ensina a valorizar e honrar a dignidade e os direitos de todos os seres humanos. Na busca pela excelência, o respeito nos lembra de que todos têm valor e merecem ser tratados com consideração.

Reflita sobre os valores que guiam a sua vida. Como eles influenciam sua busca? E, acima de tudo, como vivenciar esses valores e essa ética em sua jornada diária?

Busque a excelência em tudo o que faz, seja em suas relações pessoais, em seu trabalho ou em sua jornada espiritual. Reconheça que nem sempre é fácil e há momentos em que você pode vacilar ou se desviar do caminho. Porém, é sua firme crença nas virtudes e nos valores que escolheu que o traz de volta e o motiva a continuar buscando ser excelente em cada aspecto de sua vida.

E é essa busca contínua que lhe assegura propósito, significado e satisfação.

ÉTICA DE REVERÊNCIA PELA VIDA

A ética de reverência pela vida, concebida por Albert Schweitzer, médico, teólogo, filósofo e músico alemão, amplamente reconhecido por seu trabalho humanitário e suas contribuições à ética, estabelece seus alicerces na interconexão de todas as formas de vida. Este paradigma ético transcende barreiras específicas, enraizando-se em princípios fundamentais que orientam a conduta humana em busca da excelência. Schweitzer propõe que a responsabilidade universal, central para sua ética, requer um olhar compassivo em relação à vida, um compromisso inabalável com a preservação e a promoção do bem-estar em todas as suas manifestações.

O princípio da responsabilidade universal pressupõe que cada indivíduo carrega consigo a carga moral de zelar não apenas por sua própria existência, mas também pela prosperidade e dignidade de outros seres vivos. Essa responsabilidade estende-se além das fronteiras individuais, abraçando a coletividade e a vasta rede de vida que compartilhamos. Surge, assim, a visão de que a busca pela ética está ligada ao reconhecimento do valor inalienável de toda forma de vida.

A ética de reverência pela vida fundamenta-se, igualmente, na noção de respeito. Schweitzer propõe que a excelência ética requer um respeito profundo por todas as manifestações de vida, desde as mais simples até as mais complexas. Esse respeito vai além do reconhecimento da existência; ele implica uma compreensão empática das diferentes formas de vida e uma consideração ética dos impactos de nossas ações sobre elas. Nesse contexto, a busca pela ética é inseparável da capacidade de respeitar e proteger a diversidade e a integridade de todo ser vivo.

A responsabilidade e o respeito, como fundamentos da ética de reverência pela vida, convergem para um princípio orientador: a minimização do sofrimento. Schweitzer argumenta que a busca pela excelência ética requer um compromisso ativo em aliviar o sofrimento, não apenas humano, mas também dos animais e do meio ambiente. Este princípio ecoa uma compreensão da interconexão de todas as formas de vida e solidifica a ideia de que a ética está ligada à promoção do bem-estar global.

Portanto, os fundamentos e os princípios da ética de reverência pela vida estabelecem um panorama ético que se estende para além das fronteiras da medicina, permeando todas as esferas da vida humana. A responsabilidade universal, o respeito pela diversidade da vida e a minimização do sofrimento constituem os pilares dessa ética, guiando essa busca incessante em um contexto global.

4.
ATIVANDO A
MENTALIDADE DE CRESCIMENTO

A busca pela real excelência demanda a mentalidade certa. A mentalidade de crescimento é um conceito introduzido e explorado por Carol S. Dweck, renomada psicóloga e autora. Seus insights revolucionários destacam como nossas crenças sobre o desenvolvimento de habilidades moldam não apenas nossa abordagem ao aprendizado, mas também nosso caminho em direção à excelência. Em resumo, é a mentalidade que vê desafios como oportunidades, em vez de obstáculos insuperáveis. Em contraste, uma mentalidade fixa acredita que as habilidades e os talentos são inatos e imutáveis.

Ao longo dos anos, tenho enfatizado a importância de ter uma mentalidade aberta ao aprendizado. A história está repleta de exemplos de homens e mulheres que, apesar de suas falhas e limitações, fizeram um uso poderoso delas, porque estavam dispostos a aprender e a crescer.

A psicologia moderna também apoia essa visão. Estudos mostram que indivíduos com mentalidade de crescimento tendem a ser mais resilientes, persistentes e bem-sucedidos em suas empreitadas. Eles entendem que o fracasso não é um reflexo de sua identidade, mas uma oportunidade para aprender e crescer.

Cultivar essa mentalidade não é uma tarefa simples; requer autoconhecimento, reflexão e, acima de tudo, intervenção divina. Você está aberto ao aprendizado e ao crescimento? Ou está se limitando com crenças e pensamentos fixos? Reconheça que sempre há algo a aprender com os outros e esteja aberto a receber feedbacks e críticas construtivas.

MENTALIDADE FIXA vs. MENTALIDADE DE CRESCIMENTO

A diferença entre essas mentalidades, com base nos estudos de Dweck, reside na forma como percebemos nossas habilidades e enfrentamos desafios:

	Mentalidade fixa	Mentalidade de crescimento
Habilidades e talentos	Acredita que as habilidades e talentos são inatos e imutáveis. Se não é bom em algo desde o início, acredita que nunca será.	Entende que habilidades e talentos podem ser desenvolvidos com esforço, treinamento e persistência.
Reação ao fracasso	Vê o fracasso como uma ameaça direta à sua identidade. "Eu falhei, então sou um fracasso."	Percebe o fracasso como uma oportunidade de aprendizado e crescimento. "Eu falhei, mas posso aprender com isso e melhorar."
Abordagem aos desafios	Evita desafios por medo de falhar e ser julgado negativamente.	Encara desafios como oportunidades para aprender e crescer, mesmo que haja risco de falha.

	Mentalidade fixa	Mentalidade de crescimento
Recepção ao feedback	Tende a se sentir ameaçado por feedbacks negativos e pode se tornar defensivo.	Vê o feedback, mesmo que negativo, como uma ferramenta valiosa para melhorar e crescer.
Visão sobre o esforço	Acredita que o esforço é algo que as pessoas fazem quando não são boas em algo.	Entende que o esforço é o caminho para a maestria e o desenvolvimento contínuo.

Enquanto a mentalidade fixa pode limitar o potencial de alguém ao evitar desafios e temer o fracasso, a mentalidade de crescimento abraça oportunidades de aprendizado e vê desafios como etapas essenciais no caminho para a excelência pessoal e espiritual.

Como a mentalidade de crescimento influencia a vida espiritual

A mentalidade de crescimento, quando aplicada à vida espiritual, impacta grandemente o aperfeiçoamento da nossa fé.

Abertura à transformação

Assim como acreditamos que podemos crescer e mudar em nossas habilidades e talentos, uma mentalidade de crescimento nos permite acreditar que podemos ser transformados espiritualmente. Reconhecemos que, independentemente de onde estamos em nossa jornada espiritual, sempre há espaço para ir além.

Resiliência em tempos de provação

Em vez de ver desafios ou tempos difíceis como punições ou como sinais de incredulidade, devemos vê-los como oportunidades para fortalecer nossa fé e confiança. Entendemos que as provações são usadas para nosso crescimento espiritual.

Aprendizado contínuo

Com uma mentalidade de crescimento, estamos sempre abertos a aprender. Isso nos leva a buscar mais conhecimento, seja por meio do estudo dos princípios milenares, seja pela participação em grupos de estudo ou pela orientação espiritual.

Humildade

Um dos fundamentos da excelência, destacamos aqui como condição essencial para reconhecermos que não temos todas as respostas e que sempre há mais a aprender e entender. Essa atitude nos mantém abertos à orientação de pessoas mais experientes.

Compromisso com a prática espiritual

Assim como entendemos que o esforço é necessário para desenvolver habilidades naturais, reconhecemos a importância da prática espiritual regular – como oração, meditação, jejum e adoração – para fortalecer a nossa fé.

Incentivo aos outros

Uma mentalidade de crescimento nos permite apoiar e encorajar os outros, enxergando que todos estão em diferentes estágios de crescimento e que cada pessoa tem seu próprio caminho.

* * *

Esses pontos cooperam com a nossa vida espiritual ao nos possibilitar ver desafios como oportunidades, manter a humildade e a abertura ao aprendizado e nos comprometer profundamente com nossa caminhada.

Como se desenvolver diariamente

Aqui estão alguns passos práticos para incorporar a mentalidade de crescimento no cotidiano, de acordo com Carol S. Dweck:

Autoconsciência

Comece reconhecendo e refletindo sobre suas crenças atuais. Pergunte a si mesmo: "Eu acredito que posso mudar e crescer em áreas da minha vida nas quais enfrento desafios?".

Desafie pensamentos fixos

Sempre que pensar ou disser coisas como "eu simplesmente não sou bom nisso" ou "eu nunca vou conseguir", pare e desafie esse pensamento. Questione-se: "O que posso aprender aqui? Como posso melhorar?".

Valorize o processo

Em vez de se concentrar somente em resultados ou metas, aprenda a valorizar o processo de aprendizado e crescimento. Comemore pequenos progressos e esforços, não apenas conquistas.

Busque feedbacks

Esteja aberto a receber uma avaliação construtiva e use-a como uma oportunidade para aprender e crescer. Em vez de se defender ou se sentir atacado, pergunte: "Qual lição posso extrair dessa situação?".

Encare erros como oportunidades

Em vez de temer erros ou fracassos, veja-os como chances valiosas de aprendizado. Analise o que deu errado, o que você pode fazer de diferente na próxima vez e como usar essa experiência para crescer.

Continue aprendendo

Invista em seu desenvolvimento contínuo por meio da leitura, de cursos, de workshops ou simplesmente buscando novas experiências e desafios.

Cerque-se de modelos de crescimento

Passe tempo com pessoas que também valorizam o aprendizado e o crescimento. Elas podem oferecer suporte, encorajamento e inspiração à medida que você trabalha para cultivar sua própria mentalidade de crescimento.

Estabeleça metas de aprendizado

Em vez de só estipular metas de desempenho (como obter determinada nota ou alcançar determinado cargo), defina metas de aprendizado. Pergunte-se: "O que quero aprender? Como vou saber que aprendi?".

Relembremos: a excelência não se resume apenas a habilidades individuais ou conquistas materiais; envolve a busca pela sabedoria, o cuidado com o próximo e a prática da justiça.

Pratique a resiliência

Quando enfrentar desafios ou contratempos, lembre-se de que o crescimento muitas vezes vem do desconforto. Em vez de desistir, pergunte a si mesmo: "O que isso está me ensinando?".

Reflita regularmente

Reserve momentos para refletir sobre seu crescimento e aprendizado. O que você aprendeu recentemente? Como você superou desafios? Como pode aplicar em situações futuras o que aprendeu?

Leituras inspiradoras

Provérbios é um livro repleto de sabedoria sobre como viver uma vida reta e justa. A leitura de um provérbio por dia pode ser uma excelente prática para o desenvolvimento pessoal e espiritual. Além disso, livros como O *poder do hábito*, de Charles Duhigg, e *Mindset: A nova psicologia do sucesso*, de Carol S. Dweck, proporcionam uma compreensão mais profunda de como nossos hábitos e mentalidades moldam nossa vida.

Meditação e oração

São fundamentais para nos conectarmos espiritualmente e promover paz interior. Elas nos auxiliam a refletir sobre a vida, os valores e a direção que queremos seguir.

Cursos e workshops

É preciso investir em educação formal e informal. Cursos sobre liderança, comunicação e desenvolvimento pessoal nos fornecem ferramentas para crescermos e servirmos melhor à sociedade.

Mentoria

Ter o acompanhamento de mentores, pessoas que já trilharam o caminho que você está trilhando, é inestimável. Eles aconselham, compartilham experiências e o desafiam a ir além.

Escrita

Escrever regularmente em um diário nos ajuda a processar os pensamentos, refletir sobre os fatos e planejar os próximos passos.

Networking

Construir e manter relacionamentos com pessoas que compartilham valores semelhantes e que também estão em busca de excelência é uma fonte de encorajamento e inspiração.

Prática deliberada

Não basta apenas praticar, é preciso praticar com um propósito. Seja nos estudos, no trabalho ou em qualquer outra habilidade, sempre busque maneiras de melhorar e refinar sua arte.

Ao incorporar esses passos em sua vida diária, você estará no caminho certo para cultivar uma mentalidade de crescimento duradoura e se beneficiar de todas as oportunidades de aprendizado e desenvolvimento que ela oferece.

Mentalidade excelente

Em sua obra seminal, *Mindset: A nova psicologia do sucesso*, Carol S. Dweck mergulha profundamente na distinção entre mentalidade fixa e de crescimento. Ao revelar como a crença na maleabilidade das habilidades pode transformar nossa abordagem aos desafios, ela nos fornece um guia essencial para alcançar a excelência.

Dweck argumenta que a mentalidade de crescimento, ao contrário da mentalidade fixa, encoraja a visão de que habilidades e talentos podem ser aprimorados com esforço, aprendizado e persistência. A aplicação dessa mentalidade em nossa busca implica disposição constante para aprender, resiliência diante dos obstáculos e compromisso com a melhoria contínua.

Outro trabalho significativo de Dweck, *Self-Theories: Their Role in Motivation, Personality, and Development* [Teorias do eu: Seu papel na motivação, personalidade e desenvolvimento], amplia ainda mais as ideias sobre a formação da mentalidade e como ela influencia áreas cruciais da vida, incluindo a motivação e o desenvolvimento pessoal.

Ao adotar a mentalidade de crescimento, os indivíduos encontram uma abordagem mais saudável para lidar com desafios e um meio eficaz para buscar a excelência. Assim, podemos explorar a intersecção entre a mentalidade de crescimento e o ser excelente, destacando como as teorias Dweck nos fornecem um roteiro valioso para quem almeja desenvolver o potencial e alcançar padrões mais elevados de realizações e conquistas.

5.
GERENCIANDO PRIORIDADES

O tempo, em sua essência, é um dom inestimável concedido a cada um de nós. Ele passa independentemente das nossas ações e, uma vez passado, nunca será recuperado. É essa natureza irreversível do tempo que o torna tão precioso. Cada momento que vivemos é único e carrega consigo o potencial de mudança, crescimento e impacto.

Por isso, somos chamados a ser mordomos fiéis do tempo que nos é concedido. Isso significa usar cada segundo com propósito, direção e intenção. Não se trata apenas de ser produtivo, mas de alinhar nossas ações com a vontade divina e o chamado colocado em nosso coração.

A verdadeira excelência não está apenas em alcançar grandes feitos, mas em dar o nosso melhor com o que temos em cada momento. Para isso, é essencial ter clareza sobre nossas prioridades: "O que realmente importa? O que nos aproximará do nosso Propósito divino? O que deixará um legado duradouro?".

Definir essas prioridades e gerenciar nosso tempo com base nelas é o que nos permitirá viver com impacto e significado. Assim, poderemos olhar para trás não com arrependimento pelo tempo perdido, mas com gratidão pelo tempo bem aproveitado.

Só que, em um mundo cheio de distrações e demandas constantes, manter em foco nossas verdadeiras prioridades tem sido um desafio. Procrastinação, falta de clareza e até mesmo o medo nos desviam da rota. No entanto, com as ferramentas certas, orientação divina e determinação, podemos navegar por esses desafios e garantir que nosso tempo aqui na Terra reflita verdadeiramente a excelência esperada de cada um de nós.

A IMPORTÂNCIA DO TEMPO NOS PRINCÍPIOS MILENARES

A Bíblia, que é o livro mais antigo e influente, menciona a palavra "tempo" mais de quinhentas vezes, o que destaca a relevância e o valor que as Escrituras dão a esse conceito. Seja para enfatizar momentos de espera, períodos de mudança ou a brevidade da vida, o tempo é um tema central da Bíblia, guiando ensinamentos e reflexões sobre nossa passagem pela Terra e demonstrando a importância dele no plano divino e em nossa caminhada espiritual.

Criação e ordem divina

No livro de Gênesis, vemos como Deus criou o mundo em seis dias e descansou no sétimo. Este ciclo de sete dias não foi apenas o início da criação, mas também estabeleceu um ritmo para a humanidade. O sétimo dia, o sábado, foi santificado, tornando-se um dia de descanso e reflexão. Aqui, aprendemos a importância do ritmo, do equilíbrio e da pausa.

Tempo para tudo

Em Eclesiastes 3,1, Salomão escreve: "Para tudo há uma ocasião, e um tempo para cada propósito debaixo do céu". Esse versículo nos ensina que há um tempo divinamente ordenado para cada evento e fase da vida. Reconhecer e respeitar esses momentos nos ajuda a viver em harmonia com o plano celestial.

Oportunidade e redenção

O Apóstolo Paulo nos alerta: "Tenham cuidado com a maneira como vocês vivem; que não seja como insensatos, mas como sábios, aproveitando ao máximo cada oportunidade, porque os dias são maus". Importante lembrete da natureza finita do tempo e da necessidade de usá-lo sabiamente.

Espera e paciência

Ao longo das Escrituras, vemos inúmeros exemplos de figuras bíblicas que esperaram pacientemente pelo tempo de Deus. Abraão esperou décadas pela promessa de um filho, José passou anos na prisão antes de se tornar governador do Egito, e o próprio Jesus esperou trinta anos antes de começar Seu ministério público. Essas histórias nos ensinam a importância da paciência e da confiança no tempo divino.

A eternidade

Enquanto a Bíblia fala muito sobre a importância do tempo presente, ela também nos apresenta a eternidade. Somos lembrados de que "para o Senhor um dia é como mil anos, e mil anos como um dia" (2 Pedro 3,8). Isso nos dá uma perspectiva sobre a natureza infinita de Deus e nos encoraja a olhar além do tempo presente, para a eternidade que nos espera.

Conforme apresentado na Bíblia, o tempo é valioso e sagrado. Ele nos é dado para ser usado com propósito, sabedoria e em harmonia com a vontade dos Céus. Ao refletir sobre a importância do tempo, somos inspirados a viver cada momento com intenção, gratidão e perspectiva eterna.

Definir e manter as prioridades é uma tarefa fundamental no gerenciamento de tempo, porém, muitas vezes, é desafiadora.

Sobrecarga de informações

Vivemos na era da informação, por isso somos constantemente bombardeados por uma enxurrada de dados, notícias e atualizações. Isso dificulta discernir o que é verdadeiramente importante e o que é apenas ruído.

Dificuldade em dizer "não"

Muitas pessoas têm dificuldade em recusar pedidos ou oportunidades, mesmo quando não se alinham com suas prioridades. Isso pode levar a uma agenda superlotada e à sensação de estar sempre correndo.

Falta de clareza sobre valores e objetivos

Sem uma compreensão clara de seus valores e objetivos de longo prazo, não é possível determinar quais tarefas e atividades devem ser priorizadas.

Procrastinação

Mesmo quando as prioridades são claras, a tendência a adiar tarefas importantes pode impedir as pessoas de agir de acordo com elas.

Medo de perder oportunidades

Ao experienciar o FOMO (*fear of missing out*), ou medo de ficar de fora, as pessoas podem tentar fazer tudo, em vez de se concentrarem no que de fato é importante.

Influência externa e pressão social

Às vezes, as expectativas e pressões de outras pessoas ou da sociedade em geral nos desviam de nossas verdadeiras prioridades.

Falta de disciplina e consistência

Manter-se fiel às prioridades exige disciplina e consistência, o que pode ser desafiador em meio às distrações e demandas diárias.

Conflito de prioridades

Há momentos em que diferentes prioridades entram em conflito umas com as outras, tornando difícil decidir qual deve prevalecer.

Falta de ferramentas ou habilidades de planejamento

Algumas pessoas simplesmente não têm as ferramentas ou habilidades necessárias para planejar e gerenciar seu tempo e suas tarefas de forma eficaz.

Relutância em reavaliar e ajustar

À medida que a vida muda, nossas prioridades também precisam mudar. No entanto, esse ajuste não é automático; pelo contrário, pode ser bastante desafiador, para algumas pessoas, reavaliar e ajustar as prioridades conforme necessário.

Reconhecer e abordar esses desafios é o primeiro passo para superá-los e, então, viver de acordo com o que é verdadeiramente importante. Persista em seus objetivos, mesmo diante de dificuldades e obstáculos.

ESTRATÉGIAS PARA DEFINIR PRIORIDADES

Saber definir prioridades é a principal habilidade para gerenciar nosso tempo de maneira eficaz e alcançar a excelência. Quando sabemos o que é mais importante, podemos direcionar nossa energia e nossos recursos para aquilo que realmente importa, evitando distrações e procrastinação.

Ao olharmos para a criação, vemos que Deus criou dois luminares, um para o dia e outro para a noite. Eles não têm o mesmo tamanho, mas têm igual importância na organização e manutenção do dia.

Veja algumas estratégias práticas para ajudá-lo a definir suas prioridades:

Busque orientação espiritual

Antes de tomar qualquer decisão ou estabelecer qualquer objetivo, busque orientação espiritual, não se apoie no próprio entendimento.

Determine seus valores fundamentais

Pergunte a si mesmo o que é mais importante para você, o que você valoriza acima de tudo. Pode ser família, integridade, serviço, crescimento espiritual etc. Quando você conhece seus valores, fica mais fácil definir prioridades alinhadas a eles.

Estabeleça metas claras

Baseado em seus valores e na orientação divina, estabeleça metas claras e tangíveis para sua vida. Essas metas servirão como um roteiro, ajudando-o a determinar onde focar sua energia e seus recursos a cada temporada.

Use a regra do 80/20

Também conhecida como Princípio de Pareto, essa regra sugere que 80% dos nossos resultados vêm de 20% de nossas ações. Identifique essas ações de alto impacto e coloque-as como prioridade em sua agenda.

Aprenda a dizer "não"

Nem todas as oportunidades ou solicitações que surgem são alinhadas com nossas prioridades. Aprenda a recusar gentilmente aquilo que não se alinha com seus objetivos e valores.

Revise regularmente

As circunstâncias da vida mudam, e o que era uma prioridade hoje pode não ser amanhã. Reserve um tempo semanal, mensal ou anual para revisar e ajustar suas prioridades conforme necessário.

Evite a multitarefa

Embora possa parecer que você está sendo mais produtivo, a multitarefa muitas vezes leva a erros e a um trabalho de baixa qualidade. Em vez disso, concentre-se em uma tarefa de cada vez, dando-lhe atenção total.

Delegue quando possível

Reconheça que você não pode fazer tudo sozinho. Se houver tarefas que outros possam fazer, delegue-as. Isso permitirá que você se concentre nas atividades que só você pode realizar.

Mantenha uma perspectiva eterna

Em meio à agitação da vida diária, lembre-se de manter uma perspectiva eterna, buscando primeiro o reino de Deus e Sua justiça, para que todas as outras coisas vos sejam acrescentadas.

Ao implementar essas estratégias, você estará mais bem equipado para definir e manter prioridades claras em sua vida, garantindo uma gestão mais eficaz do tempo e uma vida de maior propósito e significado.

EVITANDO A PROCRASTINAÇÃO

A procrastinação é um obstáculo comum que muitos enfrentam ao tentar alcançar a excelência. Postergar tarefas e responsabilidades que de fato nunca chegam a ser realizadas leva ao sentimento de culpa, ao estresse e à sensação de estar sempre correndo atrás do tempo perdido. Tenha em mente algumas considerações para evitar esse hábito:

Entenda as raízes

Antes de superarmos a procrastinação, precisamos entender por que estamos recorrendo a ela. Pode ser medo do fracasso, perfeccionismo, falta de motivação ou simplesmente o hábito de deixar as coisas para depois.

Comece com pequenos passos

Em vez de se sentir sobrecarregado com uma tarefa grande ou complexa, divida-a em etapas menores e comece com a mais simples. O simples ato de começar gera um impulso que torna mais fácil continuar.

Estabeleça prazos claros

Mesmo que você não tenha um prazo externo, estabeleça um para si mesmo. Isso cria um senso de responsabilidade e urgência.

Elimine distrações

Identifique o que comumente o distrai do trabalho e tente eliminar o problema. Pode ser o telefone, as redes sociais, o barulho ou até mesmo um ambiente desorganizado.

Comprometa-se publicamente

Fale sobre suas metas e tarefas com amigos ou familiares. Saber que alguém está ciente dos seus planos lhe fornece uma motivação extra para evitar a procrastinação.

Visualize os benefícios

Pense nos benefícios de concluir a tarefa. Seja a satisfação de finalizar um projeto ou os resultados positivos a longo prazo, visualizar esses ganhos é um motivador poderoso.

Perdoe-se e siga em frente

Se você cair na armadilha da procrastinação, em vez de se martirizar, reconheça o erro, perdoe-se e determine um novo plano de ação.

Estabeleça hábitos diários

A consistência é a chave. Estabelecer rotinas diárias nos ajuda a criar um ritmo de trabalho que minimiza a procrastinação.

Medite e ore

Em momentos de procrastinação, reserve um tempo para meditar e orar. Buscar orientação do Espírito Santo nos traz clareza e propósito, nos ajudando a superar a inércia.

A procrastinação, assim como a preguiça, é um comportamento aprendido e, como tal, pode ser desaprendido. Com determinação, autoconsciência e as estratégias certas, é possível superar a tendência de adiar e viver uma vida de ação e propósito.

Provérbios 12,24 diz: "As mãos diligentes governarão, mas os preguiçosos acabarão escravos". Portanto, que possamos ser diligentes em nossos esforços, evitando a armadilha da procrastinação e buscando a excelência em tudo o que fazemos.

Aqui estão alguns direcionamentos espirituais para ajudá-lo na definição das suas prioridades sem perder de vista os propósitos divinos para a sua vida:

Buscar primeiro o Reino de Deus

Em Mateus 6,33, Jesus nos ensina a colocar Deus e Sua vontade acima de todas as outras coisas em nossa vida.

Amar a Deus e ao próximo

O maior mandamento é amar a Deus de todo o coração, toda a alma e toda a mente, e amar ao próximo como a si mesmo. Isso deve ser a base para todas as nossas decisões e prioridades.

Viver com propósito

Fomos criados para fazer boas obras, o que significa que cada um de nós tem um Propósito divino e uma missão a cumprir.

Valorizar o tempo

Devemos tomar cuidado para não vivermos como insensatos, mas como sábios, aproveitando ao máximo cada oportunidade. Portanto, precisamos ter consciência sobre a importância de usar nosso tempo sabiamente.

Buscar sabedoria e orientação

Provérbios 3,5-6 nos diz para não nos apoiarmos em nosso próprio entendimento. Ao meditarmos no espírito, recebemos direção e clareza para nossas prioridades.

Evitar a ganância e o materialismo

O amor ao dinheiro é a raiz de todos os males. Ao definir prioridades, é essencial garantir que elas não sejam motivadas por desejos materiais, mas por valores espirituais.

Ser grato

Devemos agradecer em todas as circunstâncias. A gratidão pode nos ajudar a focar o que realmente importa e a valorizar as bênçãos que temos.

Embasar nossas escolhas nesses princípios é o melhor caminho para gerir nosso tempo, pois, além de trazer paz e satisfação, também nos permitirá viver uma vida excelente.

TEMPO EXCELENTE

A busca pela excelência profissional pode ser relacionada à habilidade de gerenciar o tempo de forma eficaz. Nesse contexto, uma pesquisa realizada em 2012 por John P. Trougakos na área de psicologia do trabalho e organizacional nos fornece um sólido alicerce científico para entendermos como práticas específicas de gerenciamento de tempo podem influenciar positivamente a produtividade e, por conseguinte, promover mais excelência nas realizações profissionais.

Trougakos explora, em *Are Anxious Workers Less Productive Workers? It Depends on the Quality of Social Exchange* [Trabalhadores ansiosos são menos produtivos? Depende da qualidade da troca social], o impacto do estresse no desempenho profissional. A excelência, conforme evidenciado por suas descobertas, diz respeito à resiliência diante das demandas profissionais. O gerenciamento eficaz do tempo, ao incorporar estratégias para controlar o estresse, emerge como um fator crítico nessa busca profissional.

A ilusão da multitarefa é outro ponto destacado pelo autor. Sua pesquisa enfatiza a necessidade de focar tarefas específicas para alcançar resultados excepcionais. Essa jornada, portanto, requer a habilidade de evitar distrações e dedicar atenção plena a uma única atividade por vez, promovendo uma abordagem mais concentrada e eficaz.

No que tange às estratégias de planejamento, Trougakos destaca a importância de metas claras, priorização de tarefas e estabelecimento de prazos realistas. A excelência profissional é alcançada quando os profissionais adotam uma abordagem estratégica para organizar e priorizar responsabilidades. A implementação eficaz de tais estratégias não apenas otimiza a produtividade, mas também catalisa essa busca constante em suas carreiras.

Em conclusão, a pesquisa de John P. Trougakos proporciona uma perspectiva valiosa sobre como o gerenciamento de tempo impacta diretamente a excelência profissional. Entender como o estresse, a multitarefa e as estratégias de planejamento influenciam o desempenho no ambiente de trabalho nos ajuda a construir uma base sólida para a implementação de práticas que promovem uma busca bem-sucedida por esse modo de vida. Ao aplicar esses insights científicos, os profissionais podem desenvolver habilidades de gerenciamento de tempo que não apenas otimizam a produtividade, mas também impulsionam o alcance de padrões excepcionais em suas carreiras.

6.
CONSTRUINDO RELACIONAMENTOS SIGNIFICATIVOS

A vida é feita de conexões. Cada interação, cada conversa, cada momento compartilhado tem o potencial de se tornar um relacionamento significativo. Mas o que torna um relacionamento verdadeiramente significativo?

De acordo com Brené Brown, pesquisadora, palestrante e autora do best-seller *A coragem de ser imperfeito*, relacionamentos significativos vão além de simples interações sociais. Eles são profundos, enriquecedores e têm um propósito. São aqueles que nos desafiam, nos apoiam e nos ajudam a crescer em espírito e caráter.

Conforme já vimos, a forma como Salomão conduzia sua vida também foi evidenciada em sua liderança e no modo como ele cuidava de seu povo. A rainha de Sabá reconheceu a felicidade daqueles que estavam em sua corte sendo constantemente impactados pela sabedoria do rei. A excelência do rei refletia em seu compromisso com a justiça, a retidão e o bem-estar de seu povo.

AS CHAVES DE UM RELACIONAMENTO SIGNIFICATIVO

Intencionalidade

Para construir relacionamentos significativos, é preciso ser intencional. Isso significa investir tempo, energia e amor. Considerando que o amor é uma ação, não apenas um sentimento, amar alguém é escolher estar presente, escolher apoiar, escolher ouvir esse alguém.

Comunicação autêntica

A autenticidade é fundamental. Em um mundo onde as aparências muitas vezes ganham destaque, ser genuíno, autêntico, vulnerável e capaz de compartilhar falhas e sucessos é revolucionário.

Crescimento mútuo

Relacionamentos significativos não são unilaterais. Ambas as partes crescem e se beneficiam. Seja em um grupo pequeno de estudos, entre amigos ou em um relacionamento familiar, é essencial que as partes estejam comprometidas com o crescimento mútuo.

Compromisso com valores compartilhados

É importante mantermos relacionamentos com aqueles que compartilham valores semelhantes, especialmente os valores espirituais.

Construir relacionamentos significativos requer esforço e paciência, mas os frutos são inestimáveis.

COMO A EMPATIA PODE SER DESENVOLVIDA E PRATICADA DIARIAMENTE

Como já vimos, a empatia, capacidade de compreender e compartilhar dos sentimentos de outra pessoa, é uma das qualidades mais valiosas que podemos cultivar em nossa vida. Ela nos possibilita estabelecer conexões profundas e significativas, construindo pontes de compreensão e fortalecendo os laços em nossos relacionamentos.

A origem da empatia

Desde os tempos antigos, somos chamados a amar o próximo como a nós mesmos. Esse mandamento não é apenas sobre ações, mas sobre sentir o que o outro sente. A empatia transforma relações, tornando-as mais sólidas e verdadeiras.

Desenvolvendo a empatia

A empatia não é um dom inato, ela pode e deve ser cultivada e aprimorada. Aqui estão algumas maneiras de desenvolvê-la:

Escuta ativa

Ouvir é mais do que escutar. É prestar atenção genuína, sem julgamentos ou interrupções. Quando alguém compartilha algo conosco, é essencial estar presente e absorver suas palavras e emoções.

Autoconhecimento

Conhecer a si mesmo é fundamental. Quando entendemos nossas emoções e reações, torna-se mais fácil compreender os sentimentos dos outros.

Prática diária

Assim como qualquer habilidade, a empatia se fortalece com a prática. Todos os dias, procure oportunidades para se colocar no lugar do outro, seja em uma conversa com um amigo, seja ao observar um estranho na rua.

Praticando a empatia no dia a dia

Podemos incorporar a empatia em nossa rotina de algumas formas:

Peça feedback

Pergunte aos outros como eles se sentem e como você pode ajudá-los de forma mais eficiente.

Evite julgamentos

Cada pessoa tem sua jornada e seus desafios. Evite tirar conclusões precipitadas.

Celebre as diferenças

A diversidade é uma riqueza. Aprenda com as experiências e as perspectivas dos outros.

Ao cultivar a empatia, melhoramos nossos relacionamentos e nos aproximamos da excelência.

A IMPORTÂNCIA DO PERDÃO

O perdão é uma das principais virtudes que devemos cultivar em nossa vida. Ele tem o poder de curar feridas, restaurar relacionamentos e nos aproximar de uma vida de excelência, alinhada com os princípios milenares.

A essência do perdão

O perdão não é apenas uma ação, mas um estado de espírito, uma decisão difícil, porém possível e consciente de liberar ressentimentos e mágoas.

Por que perdoar?

Libertação emocional

Guardar rancor é como carregar uma pedra pesada em nossas costas. O perdão nos liberta desse peso, nos permitindo viver com mais paz e leveza.

Restauração de relacionamentos

O perdão é a chave para restaurar relacionamentos problemáticos. Ele cria uma ponte de entendimento e reconciliação.

Crescimento espiritual

Perdoar é um ato de obediência. Ao perdoar, nos alinhamos espiritualmente com a vontade divina.

Como praticar o perdão

Reconheça a dor

Antes de perdoar, é preciso reconhecer e validar nossos sentimentos. Isso não significa justificar ações erradas, mas entender nossas emoções.

Decida perdoar

O perdão é uma escolha. Decida conscientemente liberar a mágoa e seguir em frente.

Medite

A oração é uma ferramenta poderosa para fortalecer o coração e encontrar sabedoria para perdoar.

Comunique-se

Se possível, converse com a pessoa que causou a mágoa. Expresse seus sentimentos e escute o que ela tem a dizer.

O perdão não significa esquecer ou concordar com ações erradas. Significa liberar o ressentimento e escolher o amor e a compreensão.

COMUNICAÇÃO: A CHAVE PARA RELAÇÕES SAUDÁVEIS

A comunicação é a essência de qualquer relacionamento. É por meio dela que expressamos nossos sentimentos, pensamentos e desejos. Justamente por isso precisamos nos comunicar de maneira eficaz.

Provérbios 25,11 destaca a beleza e o valor de uma palavra bem colocada: "A palavra proferida no tempo certo é como frutas de ouro incrustadas numa escultura de prata".

Por que a comunicação é essencial?

Entendimento mútuo

Por meio da comunicação, conseguimos entender e ser entendidos. Ela é a ponte que conecta as pessoas, permitindo que compartilhem experiências e sentimentos.

Resolução de conflitos

Muitos desentendimentos surgem de falhas na comunicação. Ao nos comunicarmos claramente, podemos resolver conflitos e evitar mal-entendidos.

Fortalecimento de laços

Uma comunicação aberta e honesta fortalece os laços de confiança e amizade.

Princípios milenares para uma comunicação saudável

Fale com amor

Somos instruídos a crescer falando a verdade de forma amorosa.

Seja rápido para ouvir

Devemos estar prontos para ouvir, mas tardios para falar.

Evite palavras negativas

Provérbios 21,23 diz: "Quem é cuidadoso no que fala evita muito sofrimento".

Comunicação não se trata apenas de falar, mas também de ouvir. É um intercâmbio de ideias e sentimentos. Ao buscarmos aprimorar nossa comunicação, além de honrarmos princípios milenares, enriquecemos nossos relacionamentos.

Técnicas práticas de comunicação

Para ajudá-lo a se comunicar da maneira correta, compartilho algumas técnicas práticas que têm raízes nos ensinamentos bíblicos.

Comunicação não violenta (CNV)

A CNV, conceito desenvolvido pelo psicólogo e educador norte-americano Marshall Rosenberg, nos ensina a expressar necessidades sem julgamento ou crítica. Ao aplicar esse princípio, podemos comunicar sentimentos e demandas de uma maneira que honre a nós mesmos e aos outros.

A arte de ouvir

Ouvir ativamente significa estar presente, não interromper e tentar entender de verdade o ponto de vista do outro.

Comunicação no Novo Testamento

Paulo, em suas cartas, é um exemplo de alguém que sabia como transmitir sua mensagem de forma clara e amorosa. Ele usava palavras encorajadoras, repreendia quando necessário, mas sempre com amor e com o objetivo de edificar.

Evite a comunicação negativa

Provérbios 18,21 nos lembra que a língua tem poder sobre a vida e a morte. Portanto, devemos ser cuidadosos com nossas palavras, evitando fofocas, mentiras ou qualquer forma de comunicação que possa prejudicar os outros.

Ao aplicar essas técnicas simples em nossas relações podemos melhorar consideravelmente nossas habilidades de comunicação. Não se esqueça de que a comunicação é uma via de mão dupla. Enquanto falamos, também devemos ouvir.

A EXCELÊNCIA NAS RELAÇÕES INTERPESSOAIS

Como já mencionado nos capítulos anteriores, esse modo de agir não se limita apenas às nossas habilidades ou ao nosso trabalho, mas permeia todas as áreas de nossa vida, inclusive as relações interpessoais. Afinal, fomos criados para viver em comunidade, e é nas interações diárias que demonstramos o nosso caráter.

Integridade e honestidade

Provérbios 10,9 diz que "Quem anda com integridade anda com segurança". Ser íntegro e honesto em nossas relações significa ser verdadeiro, não usar máscaras e ser o mesmo em qualquer situação. Isso constrói confiança e fortalece os laços.

Valorizar o outro

Significa reconhecer a importância, ouvir as opiniões e respeitar as diferenças do outro.

Compromisso e lealdade

Relações excelentes são construídas sobre o alicerce do compromisso e da lealdade. Significa estar presente nos bons e maus momentos, apoiar nas adversidades e celebrar nas vitórias.

Crescimento contínuo

Assim como buscamos a excelência em nossas habilidades, devemos buscar melhorar constantemente nossas ações. Isso envolve autoavaliação, feedback e humildade para reconhecer onde estamos falhando.

Ser excelente nas relações interpessoais é refletir o amor, a graça e a misericórdia em cada interação. É uma caminhada contínua de aprendizado e crescimento, mas com recompensas eternas. Assim como Salomão compartilhou sua sabedoria com a rainha de Sabá, compartilhe seus conhecimentos e recursos com os outros, promovendo o crescimento e o desenvolvimento da sua comunidade.

DESAFIOS NAS RELAÇÕES E COMO SUPERÁ-LOS

Relacionar-se com o próximo é uma das experiências mais enriquecedoras da vida humana. Só que, como em qualquer área, também tem seus desafios. Muitos deles surgem de mal--entendidos, expectativas não atendidas e até da influência do ambiente e da cultura em que estamos inseridos.

Desafios comuns nas relações

Todos nós, em algum momento, enfrentamos desafios em nossos relacionamentos. Seja um mal-entendido com um amigo, um conflito com um colega de trabalho ou tensões familiares. Esses desafios, se não forem abordados, podem criar barreiras à comunicação eficaz e ao crescimento mútuo.

A influência do ambiente e da cultura

O ambiente e a cultura nos quais estamos inseridos desempenham papel relevante na forma como nos relacionamos. Cada cultura tem suas normas, valores e expectativas. Em algumas delas, por exemplo, evitar confrontos diretos é uma prática comum, enquanto em outras a franqueza é altamente valorizada. Compreender essas nuances é fundamental para construir relacionamentos saudáveis, especialmente em ambientes multiculturais.

Dicas práticas para superar os desafios

Escuta ativa

Dedique tempo para ouvir verdadeiramente o que a outra pessoa está dizendo. Isso demonstra respeito e valorização.

Empatia
Coloque-se no lugar do outro. Tente entender os sentimentos e as perspectivas.

Comunicação clara
Seja claro quanto ao que você espera do outro. Evite suposições.

Busque sabedoria espiritual
As Escrituras nos fornecem inúmeros conselhos sobre resolução de conflitos e construção de relacionamentos saudáveis. Provérbios, em particular, é uma fonte de sabedoria prática sobre relações.

Esteja aberto ao feedback
Às vezes, precisamos ouvir críticas construtivas para crescer e melhorar.

Em cada desafio nas relações, há uma lição a ser aprendida e uma oportunidade para fortalecer laços. Ao nos basearmos nos princípios milenares e buscarmos compreender as nuances culturais e ambientais, somos capacitados a construir pontes de entendimento e compaixão.

Que cada relação seja reflexo do amor divino e um testemunho da nossa escolha em viver de acordo com os padrões elevados que nos são apresentados.

VULNERABILIDADE E EMPATIA NAS RELAÇÕES HUMANAS
A redefinição da vulnerabilidade como uma força e não uma fraqueza transcende as barreiras acadêmicas, influenciando lí-

deres e organizações na compreensão e promoção de relações autênticas e significativas.

No cerne da mensagem de Brené Brown, em *A coragem de ser imperfeito*, está a provocação para repensar a vulnerabilidade. Contrariando narrativas culturais que a associam à fragilidade, ela a posiciona como a essência de experiências autênticas e corajosas. Essa perspectiva nos convida a refletir sobre como a exposição emocional pode ser uma ferramenta poderosa na construção de relacionamentos que transcendem o superficial.

A conexão entre vulnerabilidade e empatia é um fio condutor nas pesquisas dela, formando o alicerce para uma compreensão mais profunda das dinâmicas humanas. Para Brown, a capacidade de ser vulnerável e a disposição de se colocar no lugar do outro são elementos essenciais para construir laços que transcendem o superficial e atingem o âmago da autenticidade.

A exploração da vergonha é outro ponto central em seu trabalho. A autora desmistifica esse sentimento, revelando-o como um componente da experiência humana. Sua pesquisa destaca como a vergonha atua como barreira para conexões genuínas, inibindo a capacidade de compartilhar experiências autênticas. A vulnerabilidade, segundo Brown, emerge como antídoto crucial para romper o ciclo da vergonha.

Em síntese, a obra de Brené Brown é uma jornada transformadora que nos convida a explorar as emoções humanas com coragem e compaixão. Ao desvendar os mistérios da vulnerabilidade, da vergonha e da empatia, é possível identificar conceitos e desafios que precisam ser trabalhados a fim de construir relações mais autênticas e significativas.

7.
CUIDANDO DA SAÚDE FÍSICA E MENTAL

É de suma importância reconhecermos a saúde como uma dádiva a ser cuidada com diligência e sabedoria. A saúde integral, que abrange o bem-estar físico, mental e espiritual, é um reflexo da harmonia projetada para cada um de nós.

Nessa etapa, evidenciamos que saúde não se trata apenas de aspectos biológicos, mas também é reflexo de nosso estado espiritual e emocional, que deve ser tratado com respeito e cuidado. A saúde mental, por sua vez, é vital para uma vida plena e produtiva, permitindo-nos cumprir nosso propósito e servir aos outros com alegria.

Abordaremos práticas saudáveis que estão alinhadas com os princípios milenares, abrangendo desde uma alimentação equilibrada até a valorização do descanso. Além disso, destacaremos a importância do exercício físico, não como um objetivo isolado, mas como uma forma de viver com mais vigor e energia.

No que tange à saúde mental, extrairemos das Escrituras lições sobre gestão de emoções, cultivo da paz interior e importância de relações saudáveis. Jesus Cristo, nosso maior exemplo, demonstrou em Seu ministério a importância de cuidar do próximo e de si mesmo, equilibrando momentos de grande atividade com períodos de retiro e oração.

Esta etapa é um convite para que você perceba que a saúde é uma área de cuidado contínuo. Ao cuidarmos de nós mesmos, estamos melhorando nossa qualidade de vida, capacitando-nos para servir melhor e cumprir nosso Propósito neste mundo.

CUIDANDO DO CORPO: SAÚDE FÍSICA

Temos a responsabilidade de cuidar do corpo que nos foi confiado, mantendo-o com honra e respeito. A saúde física é um pilar para uma vida de serviço e contemplação.

A alimentação deve ser equilibrada. No livro de Daniel, vemos um exemplo de abstenção de manjares e uma preferência por legumes e água, o que resultou em saúde e discernimento espiritual. Este princípio pode ser aplicado hoje: devemos optar por alimentos que nutrem e fortalecem o corpo, evitando aqueles que prejudicam nossa saúde.

O exercício regular é outra forma de cuidar da manutenção do corpo. Assim como Paulo usou a corrida como metáfora para a vida espiritual (1 Coríntios 9,24-27), devemos também nos esforçar fisicamente, mantendo nosso corpo em forma. O exercício serve para promover a saúde física, mas também para disciplinar a mente e o espírito.

O descanso adequado é essencial. Deus instituiu o descanso no sétimo dia, e Jesus nos convidou a descansar n'Ele (Mateus 11,28-30). O sono e o descanso não são apenas físicos, mas uma forma de confiar nossas preocupações e fardos a Deus, reconhecendo que Ele está no controle.

Evitar substâncias prejudiciais é um mandamento para a santidade do corpo. Seja o álcool, o tabaco ou outras drogas, devemos nos abster de tudo que possa danificar nossa saúde. A disciplina em resistir a essas tentações é uma expressão de gratidão pela vida que nos foi concedida. Cada avanço rumo a uma saúde física melhor é um passo em direção a uma maior capacidade de servir aos outros e cumprir nossa missão com mais energia e propósito.

EQUILÍBRIO MENTAL: A PAZ QUE EXCEDE TODO ENTENDIMENTO

Na base da nossa existência, além do corpo, reside a mente — um universo complexo onde se travam batalhas e se celebram vitórias. A saúde mental é o equilíbrio necessário para enfrentarmos os desafios diários com serenidade e esperança.

Em tempos de incerteza, é essencial cultivar práticas que fortaleçam nossa saúde mental. Na oração, depositamos ansiedades e recebemos conforto. Na meditação bíblica, alimentamos a mente, o que nos renova e nos dá perspectiva. Na prática do silêncio e da solitude, podemos ouvir a voz suave do Criador, muitas vezes abafada pelo ruído do mundo.

A solitude é uma escolha consciente de se afastar do barulho e das demandas da vida cotidiana. É um estado que se busca para a reflexão, meditação e conexão. Ao contrário da solidão, a solitude é enriquecedora e restauradora; é um tempo dedicado para o autoconhecimento e crescimento espiritual.

Essas práticas não são meros exercícios de relaxamento; são disciplinas espirituais que nos conectam com Deus e nos centram na verdade eterna. Ao nos dedicarmos a elas, encontramos a paz que excede todo entendimento – uma paz que não é perturbada pelas tempestades externas, pois é ancorada na verdade.

A saúde mental também é nutrida pelo amor e pelo suporte da comunidade. A comunidade de fé é onde compartilhamos fardos e celebramos alegrias, por meio do cuidado mútuo.

TÉCNICAS DE GESTÃO DE ESTRESSE BASEADAS EM PRINCÍPIOS MILENARES

O estresse é uma realidade presente em nossa vida, mas não precisa ser uma sentença que ditará nossa forma de viver. Hoje, todos temos acesso a práticas e princípios que nos ajudam a gerenciar o estresse de maneira eficaz. Como líder espiritual, tenho testemunhado e experimentado o poder transformador dessas práticas, que são verdadeiros presentes para nossa saúde e bem-estar.

Oração como fundamento

A oração é a nossa comunicação direta com Deus. Quando estamos estressados, somos convidados a lançar sobre Ele toda a nossa ansiedade, pois Ele cuida de nós (1 Pedro 5,7).

Meditação em textos bíblicos

Meditar em versículos que falam sobre a paz e o cuidado de Deus conosco nos ajuda a reorientar nossos pensamentos, ensinando-nos a não nos angustiarmos com nada, mas, por meio da oração e súplica, com ação de graças, apresentarmos nossos pedidos a Deus.

Prática do perdão

O estresse muitas vezes é alimentado por mágoas e ressentimentos. Devemos deixar de lado toda amargura e ira, sendo bondosos e compassivos uns com os outros.

Descanso sabático

Deus instituiu o descanso sabático como um princípio de vida (Êxodo 20,8-11). O descanso não precisa ocorrer literalmente aos sábados, mas é necessário destinar um tempo específico para recarregar as energias, refletir e se reconectar com Deus e com os outros.

Comunidade de apoio

A Igreja deve ser um lugar de apoio e encorajamento. A comunidade de fé é essencial para nos ajudar a lidar com o estresse.

DICAS PRÁTICAS PARA TER SAÚDE FÍSICA E MENTAL

Na busca pela excelência em saúde, é essencial reconhecer que nosso corpo e nossa mente são dádivas divinas e devem ser cuidados com sabedoria e gratidão. Aqui estão algumas dicas práticas que adoto e ensino, alinhadas com os princípios milenares, para manter uma vida saudável em todos os quesitos.

Alimentação consciente

Abrange tanto os frutos da terra quanto as proteínas animais, sempre considerando a saúde do corpo e o respeito à criação (Gênesis 9,3). Estabeleça uma dieta balanceada, que inclui frutas, vegetais, grãos, sementes e carnes, priorizando aquelas que são tratadas de forma ética e sustentável, reconhecendo-as como parte do provimento divino para nossa nutrição.

Exercício

A prática de atividades físicas não serve apenas para manter a forma, mas para honrar o corpo que temos. Encorajo atividades que você realmente aprecie, pois, quando é prazeroso, o exercício se transforma em uma verdadeira expressão de gratidão.

Descanso restaurador

O sono reparador e o descanso são fundamentais. É importante estabelecer uma rotina de sono e encontrar momentos para desacelerar e se reconectar espiritualmente e com o próprio ser.

Saúde mental

A prática da gratidão diária e a manutenção de um diário de pensamentos e orações são essenciais para uma mente saudável. Todos os dias, reserve um momento para escrever pelo menos três coisas pelas quais você é grato. Isso pode incluir experiências positivas, pessoas em sua vida ou simples prazeres. Essas práticas nos ajudam a focar as dádivas divinas, fortalecendo nossa saúde mental e espiritual.

Relacionamentos que edificam

Relacionamentos saudáveis são vitais para nossa saúde emocional. Cultive amizades e parcerias que tragam encorajamento, que o desafiem a crescer e reflitam o amor.

O PAPEL DA COMUNIDADE DE FÉ NO SUPORTE À SAÚDE MENTAL

A comunidade de fé desempenha um papel vital no suporte à saúde mental, oferecendo um refúgio de paz e compreensão em meio às tempestades da vida. Como ministro do Evangelho, reconheço a importância de criar um ambiente de acolhimento em que cada pessoa possa compartilhar suas lutas sem julgamento.

A Igreja deve ser um espaço onde a vulnerabilidade é acolhida para que a cura interior possa começar.

Acolhimento e compreensão

Ao promover a empatia e o suporte mútuo, fortalecemos os laços comunitários e ajudamos o outro a aliviar o peso das adversidades mentais e emocionais.

Grupos de apoio

Proporcionar um lugar onde todos possam compartilhar experiências, encorajar-se mutuamente e crescer juntos é essencial. Tais grupos podem ser um poderoso meio de suporte para aqueles que enfrentam desafios na saúde mental.

Aconselhamento espiritual

É uma ferramenta essencial na assistência à saúde mental. O conselheiro deve ter uma escuta atenta e um coração aberto para guiar quem precisa pelo caminho da paz e do bem-estar.

Atividades de conexão

A comunidade de fé deve promover atividades que fomentem a conexão e o bem-estar emocional. Seja por meio de encontros de oração, seja pelo acompanhamento de estudos bíblicos ou pela participação em eventos sociais, essas iniciativas nos ajudam a construir uma rede de suporte e comunhão.

Educação e conscientização

É essencial que a comunidade de fé se envolva na educação sobre saúde mental, desmistificando tabus e promovendo uma compreensão mais profunda sobre o assunto. Isso pode ser feito por meio de seminários, palestras e workshops que abordem o tema à luz dos princípios milenares.

Cuidar da saúde mental é um ato de amor-próprio, já que somos seres emocionais e racionais. A comunidade de fé, portanto, é um pilar de suporte, que deve promover a saúde mental como parte integral da vida espiritual.

ENFRENTANDO SITUAÇÕES DESAFIADORAS

Enfrentar situações desafiadoras é parte integrante da vida, e a saúde física e mental são fundamentais para passar por elas. Ao longo dos anos, tenho observado repetidas vezes que as tribulações, embora difíceis, carregam consigo a semente do crescimento e da excelência.

Sua espiritualidade não o torna imune às lutas e batalhas da vida, pois coisas ruins também acontecem com pessoas boas.

Perseverança e crescimento

Devemos considerar motivo de alegria quando enfrentamos provações de todo tipo, pois a perseverança nos torna maduros e completos. A excelência no enfrentamento das adversidades começa com a aceitação de que elas são oportunidades para o desenvolvimento do caráter e da espiritualidade.

Rotinas saudáveis

Em meio às lutas, é crucial manter rotinas saudáveis. Isso inclui cuidar do corpo com alimentação equilibrada, exercícios regulares e descanso adequado, bem como nutrir a mente com conteúdo edificante, momentos de reflexão e oração. Essas práticas são o alicerce para a resiliência física e espiritual.

Fé e esperança

A fé é o escudo que nos protege nas batalhas da vida. Manter a esperança viva é essencial para superar desafios. A confiança é a luz que nos guia pela escuridão, lembrando-nos de que a vitória final já está nos aguardando.

EQUILÍBRIO PSICOFÍSICO

O trabalho de Elissa Epel — psicóloga da saúde reconhecida internacionalmente por suas pesquisas sobre estresse, bem-estar e envelhecimento saudável, professora no Departamento de Psiquiatria da Universidade da Califórnia, em San Francisco (UCSF), e diretora do Centro de Envelhecimento, Metabolismo e Emoções da UCSF — lança luz sobre as interconexões entre estresse, envelhecimento celular e saúde mental. Em um contexto em que os desafios modernos frequentemente testam os limites do equilíbrio psicofísico, a abordagem de Epel oferece insights inestimáveis.

Sua pesquisa, frequentemente centrada nos telômeros (estruturas localizadas nas extremidades dos cromossomos, compostas por sequências repetitivas de DNA, cuja função é proteger o material genético durante a divisão celular), destaca a busca por compreender os marcadores do envelhecimento celular. A análise dessas estruturas genômicas fundamentais nos fornece pistas sobre o impacto do estresse na longevidade celular e abre portas para uma compreensão mais profunda dos mecanismos subjacentes a esse processo biológico complexo.

As implicações dessa interação entre estresse e envelhecimento celular reverberam por toda a saúde global. Epel destaca que essas mudanças não são isoladas; afetam não apenas a longevidade celular, mas também têm ramificações significativas na saúde mental e física. Essa perspectiva mais ampla demanda uma abordagem integral, reconhecendo a conexão entre mente e corpo. Para ela, o organismo humano é um sistema integrado, no qual as experiências psicológicas reverberam tangivelmente nas estruturas celulares. Essa abordagem integrativa destaca a necessidade de compreender o estresse não apenas como um fenômeno mental, mas como um participante ativo nas redes biológicas que sustentam nossa saúde. A pesquisa aponta para os efeitos superficiais do estresse, sugerindo caminhos promissores para intervenções que abordem as raízes do envelhecimento, promovendo uma vida saudável e equilibrada.

8.
APRENDENDO COM OS ERROS

Nossa trajetória é pavimentada tanto pelas conquistas quanto pelos erros, e é no contexto dessas experiências que nosso caráter é forjado. As Escrituras nos lembram de nossa falibilidade, mas também da graça que nos redime e nos convida a crescer.

Ao redor do mundo, as culturas abordam o erro de maneiras distintas. Em algumas, ele é visto como uma mancha, uma vergonha a ser evitada a todo custo. Em outras, é considerado um mestre severo, mas necessário, que nos ensina lições valiosas. A perspectiva que adoto defende que, embora seja uma realidade humana, o erro não define quem somos nem limita o que podemos nos tornar.

Na busca pela excelência, precisamos aprender a discernir entre o erro que resulta da negligência e aquele que surge da tentativa corajosa de inovar ou melhorar. Isso não significa ausência de falhas, mas a presença de um espírito que não desiste, que aprende e se aperfeiçoa. Para evitar erros desnecessários, é sábio buscar conhecimento, planejar com cuidado e refletir sobre as lições do passado. Quando as falhas ocorrem, devemos analisá-las sem medo ou vergonha, extraindo delas o aprendizado necessário e seguindo adiante com maior sabedoria.

Como líder espiritual, testemunho o poder transformador do entendimento dos erros e a busca por sincero arrependimento. Com base nos princípios milenares, encorajo a todos a verem os erros como degraus para um nível mais alto de compreensão e habilidade.

A real excelência, portanto, não é somente sobre o que fazemos certo, mas sobre como reagimos e crescemos a partir do que não saiu como esperado.

A NATUREZA DO ERRO

Na vida, é comum nos depararmos com erros. Alguns são visíveis, outros ocultos, mas todos têm o potencial de ensinar. A verdade é que muitas vezes fazemos vista grossa às pequenas falhas, especialmente aquelas que não são vistas pelos outros. É justamente no reconhecimento e na correção desses erros ocultos que a verdadeira excelência começa a se formar.

Cada deslize é uma oportunidade de se levantar com mais força e sabedoria. Estudos psicológicos reforçam essa visão, mostrando que, quando percebemos o erro como uma chance de crescimento, nosso aprendizado se aprofunda.

Os erros de caráter, aqueles que ninguém vê, são talvez os mais determinantes. Eles moldam quem somos quando ninguém está olhando. Nossos erros não definem nossa identidade; somos filhos de Deus, chamados para uma vida de constante aperfeiçoamento.

Pesquisas interculturais sobre o erro e a autoimagem mostram que a forma como uma cultura lida com o erro pode influenciar profundamente a resiliência e a capacidade de superação de seus indivíduos. Em culturas nas quais o erro é estigmatizado, as pessoas podem se sentir desencorajadas a tentar novamente após falharem. Em contraste, culturas que o encaram como parte do processo tendem a ter indivíduos mais resilientes e inovadores.

PSICOLOGIA DO ERRO

No dia a dia, quando cometemos um erro, em vez de nos retrairmos em vergonha ou desânimo, devemos nos perguntar: "O que esse erro me ensina?".

Essa pergunta muda o foco da culpa para a aprendizagem, incentivando não apenas uma análise construtiva da situação, como também o desenvolvimento de uma conduta assertiva, capaz de abraçar desafios, persistir diante de obstáculos, aprender com críticas e encontrar inspiração no sucesso dos outros.

Por exemplo, se você falha em uma apresentação, em vez de se considerar um mau comunicador, você pode identificar pontos de melhoria, como preparar o conteúdo com antecedência ou investir em aprender habilidades de oratória.

A psicologia do erro também ensina que feedback efetivo não é aquele que aponta somente o que está errado, mas também fornece orientações claras sobre como melhorar. Isso cria um ambiente no qual o erro é visto como uma etapa do processo de aprendizado e não como um veredito a respeito da capacidade de uma pessoa.

APOIO DA COMUNIDADE DE FÉ

A comunidade de fé desempenha um papel importante no processo de aprendizado e recuperação de erros, oferecendo um ambiente de suporte, aceitação e orientação. Nela, os indivíduos devem encontrar um espaço seguro para compartilhar suas falhas e buscar sabedoria coletiva, sem receio do julgamento que muitas vezes acompanha o reconhecimento das imperfeições no mundo exterior.

Em primeiro lugar, a comunidade de fé nos lembra de que não estamos sozinhos em nossa caminhada. Isso significa que, quando erramos, temos companheiros prontos para nos ajudar a carregar o peso, oferecendo consolo e conselhos baseados em princípios milenares e experiências de vida.

Além disso, a comunidade nos encoraja a olhar para os erros como oportunidades para a graça divina se manifestar em nossa vida. A confissão e a intercessão são práticas poderosas que promovem cura e restauração.

Em segundo, a comunidade de fé também serve como um espelho, refletindo os valores e ensinamentos espirituais e nos ajudando a ver onde precisamos mudar.

Para apoiar efetivamente alguém que está aprendendo com seus erros, a comunidade pode: oferecer mentorias e discipulado, promover grupos de apoio ou células de oração, encorajar o serviço e o envolvimento comunitário e celebrar os testemunhos de superação.

Ao abraçar aqueles que erram e oferecer um caminho de redenção e crescimento, a comunidade de fé ajuda cada membro a se levantar e a caminhar novamente na direção certa.

SUPERANDO A CULPA

A culpa, quando não tratada, nos prende em um ciclo de remorso e falta de ação, mas, quando abordada com sabedoria e compaixão, torna-se um acelerador para o crescimento e a mudança. Superar a culpa é um processo que envolve reconhecimento, aceitação e transformação.

O poder do perdão

O perdão é uma chave poderosa para a liberdade. O ato de perdoar é uma porta para a cura. Em diferentes culturas, o perdão é expresso e experimentado de maneiras diversas, mas seu impacto positivo nas emoções é comum a todos os lugares.

Transformando culpa em ação

A verdadeira contrição leva a uma mudança de comportamento, não apenas a um sentimento de tristeza. A culpa deve nos impulsionar a agir, a reparar o que foi danificado e a melhorar como indivíduos.

Em resumo, para aplicar esses conceitos em nossa vida diária, podemos:

- Praticar a autorreflexão para identificar a origem da culpa e reconhecer sua validade.
- Oferecer o perdão e buscar o perdão dos outros, restaurando relacionamentos quebrados e construindo pontes de reconciliação.
- Transformar a culpa em ação, estabelecendo passos concretos para corrigir erros e evitar repeti-los no futuro.
- Compartilhar nossas experiências com os outros, ajudando-os a encontrar o caminho do perdão e da restauração.

EFEITOS DO PERDÃO NA SAÚDE MENTAL E NAS RELAÇÕES INTERPESSOAIS

O perdão é mais do que um momento de alívio emocional, é um processo que se estende e que gera benefícios duradouros tanto para o indivíduo quanto para a comunidade.

Saúde mental

A longo prazo, o perdão é um poderoso antídoto contra o ressentimento e a amargura. Quem perdoa experimenta diminuição na incidência de condições como depressão, ansiedade e estresse pós-traumático. O ato de perdoar altera padrões de pensamento negativos, promovendo uma visão mais positiva da vida e um sentido de paz interior. Isso se alinha com a garantia de paz espiritual que cura nosso coração e nossa mente.

Relações interpessoais

No contexto das relações interpessoais, o perdão é a chave para a reconciliação e a construção de laços mais fortes. Quando perdoamos, libertamos a pessoa que nos ofendeu e nos livramos da carga de manter o ressentimento. Isso leva a uma maior intimidade e confiança, pois cada parte envolvida aprende a valorizar a graça e a compaixão. O perdão também atua como modelo para os outros, encorajando uma cultura de misericórdia e compreensão mútua.

ESTRATÉGIAS PARA APRENDER COM OS ERROS

O primeiro passo para crescer com os erros é a humildade de reconhecê-los como oportunidades de aprendizado, seguida de uma reflexão honesta que nos permita assumir responsabilidade e identificar padrões a serem superados. Renovar a mente (Romanos 12,2) é fundamental, estabelecendo novos caminhos por meio de metas claras, feedback construtivo e planos de ação detalhados. Essa abordagem promove inovação e resiliência, tanto no indivíduo quanto na sociedade.

A excelência no processo

É essencial reconhecermos que a excelência não se manifesta na ausência de erros, mas na maneira como os enfrentamos e o que aprendemos com eles. É um processo contínuo de aprendizado e aperfeiçoamento, uma jornada que se desdobra dia após dia. O processo de aprender com os erros começa com a humildade de reconhecer que falhamos e a coragem de enfrentar essas falhas.

Para incorporar a excelência no dia a dia, é essencial cultivar uma mentalidade de crescimento, vendo erros como lições e desafios como oportunidades, praticar reflexão constante para melhorar ações e resultados e buscar sabedoria divina para discernir e fortalecer o caminho correto.

A excelência é um processo que envolve aprender com cada passo, erro e vitória. É um caminho que se faz ao andar, sempre com o olhar fixo nos princípios corretos.

A ilusão do controle

Ellen J. Langer, uma figura proeminente na psicologia social e professora na Universidade Harvard, tem desempenhado um papel crucial na exploração da psicologia do erro, especialmente pelo conceito de *ilusão de controle*, que ela introduziu pela primeira vez em 1975 no artigo "The Illusion of Control" [A ilusão do controle]. Esta análise busca examinar as contribuições significativas de Langer para a compreensão de como as percepções subjetivas de controle influenciam o comportamento humano e a tomada de decisões.

A ilusão de controle é um fenômeno psicológico fundamental, investigado detalhadamente por Langer. Sua pesquisa revela que, em situações incertas, as pessoas têm a tendência de superestimar sua capacidade de influenciar eventos futuros. Este conceito lança luz sobre como as percepções subjetivas, por vezes, podem distorcer a avaliação de riscos e influenciar respostas a eventos imprevisíveis.

Além da ilusão de controle, Langer explora a importância do *mindfulness* na redução de erros perceptuais e na melhoria do processo decisório. Seu trabalho destaca como a psicologia do erro não se limita apenas às falhas cognitivas, mas está relacionada às percepções subjetivas que moldam as interações humanas com o mundo ao redor.

Dessa forma, Ellen J. Langer emerge como uma voz influente na psicologia do erro, desvendando a complexidade das percepções de controle e seu impacto nas decisões humanas. Seu trabalho enriquece nosso entendimento das ilusões cognitivas e ressalta a importância da atenção plena como um recurso valioso na busca por uma abordagem mais consciente e adaptativa diante dos desafios da vida.

9.
ASSUMINDO A RESPONSABILIDADE PELAS NOSSAS AÇÕES

Na minha caminhada, vejo quão transformador é o ato de assumir responsabilidade pelas próprias ações. Os princípios milenares nos ensinam que cada um deve carregar a própria carga. Isso não é um fardo, mas uma libertação, pois, ao aceitarmos as consequências de nossas escolhas, nos tornamos verdadeiramente livres.

A responsabilidade pessoal é a pedra angular da real excelência. Sem ela, nossas fundações são instáveis, nossas construções, frágeis. A responsabilidade não é apenas um conceito ético ou moral, mas uma expressão de adoração. Quando cuidamos da nossa saúde, das nossas relações e dos nossos compromissos com a integridade, estamos honrando o Criador que nos fez à Sua imagem e semelhança.

Portanto, vamos entender como a responsabilidade pessoal se conecta com a nossa saúde espiritual, mental e física, além de analisar como as decisões que tomamos afetam a nós mesmos, mas também aqueles ao nosso redor. Com base nos princípios milenares, podemos perceber que viver uma vida de responsabilidade pessoal é viver uma vida de excelência.

A RESPONSABILIDADE E O LIVRE-ARBÍTRIO

O livre-arbítrio é a capacidade de escolher nosso próprio caminho. Ao exercermos nossa liberdade de escolha, devemos fazê-lo com a consciência de que cada decisão tem consequências eternas. Com ele, temos a responsabilidade de discernir entre certo e errado e de agir de acordo com os princípios que elevam não só a nós mesmos, mas também a comunidade ao nosso redor.

Escolher a vida é escolher o caminho da retidão, da compaixão e da justiça. É escolher construir um legado que honre e inspire os outros a fazerem o mesmo. É, em cada ato e decisão, refletir a luz divina que foi colocada em cada um de nós.

AS CONSEQUÊNCIAS DE NOSSAS AÇÕES

Na caminhada da vida, cada passo que damos e cada decisão que tomamos carregam consigo uma consequência. As ações que realizamos refletem em nossa vida e na vida daqueles que nos cercam. Provérbios 19,3 nos adverte sobre a insensatez de culpar a Deus ou o destino quando, na realidade, somos nós que moldamos nosso caminho com nossas próprias escolhas.

Aceitar os resultados de nossas ações é um princípio fundamental da responsabilidade pessoal. Quando agimos com retidão e seguimos os ensinamentos bíblicos, as consequências tendem a ser positivas, trazendo bênçãos e crescimento. Por outro lado, as escolhas imprudentes podem levar a resultados negativos, os quais nos servem como lição para o aprimoramento do caráter e do espírito.

É importante reconhecer que, mesmo com resultados negativos, cada erro é uma oportunidade para aprender, para se redimir e para se alinhar mais estreitamente com a vontade divina. A responsabilidade pessoal, como já vimos, não é apenas sobre aceitar esses impactos, mas também sobre buscar ativamente a transformação e a melhoria contínuas.

RESPONSABILIDADE E FUTURO

Ao olharmos para o futuro, percebemos que a responsabilidade é mais do que uma escolha individual; é um imperativo para a construção de um mundo melhor. Em um cenário global cada vez mais interligado, a repercussão das nossas ações se estende muito além de nossa esfera pessoal. Como seres espirituais, temos o dever de agir com consciência, visando não apenas ao nosso bem-estar, mas também ao da comunidade em geral.

Fomos chamados para ser a luz do mundo, o que nos leva a refletir sobre como nossas ações podem iluminar o caminho para um futuro mais justo e compassivo. A responsabilidade pessoal, portanto, vai além do âmbito individual e se torna um testemunho de nossa fé e de nossos valores.

Neste mundo em constante mudança, enfrentamos desafios ambientais, sociais e econômicos que exigem uma abordagem responsável e ética. Ao assumirmos a responsabilidade por nossas ações e suas consequências, contribuímos para um futuro sustentável e harmonioso.

AUTENTICIDADE NAS PRÓPRIAS ESCOLHAS

Jean-Paul Sartre, um dos principais expoentes do existencialismo, oferece uma visão sobre o livre-arbítrio e a responsabilidade pessoal que desafia concepções tradicionais e mergulha nas complexidades da existência humana. Sua obra *O existencialismo é um humanismo*, publicada em 1946, serve como ponto de partida para explorar a interconexão entre a liberdade inerente ao ser humano e a responsabilidade associada a cada decisão individual.

Sartre inicia sua reflexão afirmando que "estamos condenados à liberdade". Essa afirmação intriga e desafia a compreensão convencional do livre-arbítrio, sugerindo que a liberdade, embora fundamental, não é uma dádiva leve. Pelo contrário, ela implica uma condenação, a responsabilidade inescapável de fazer escolhas e assumir as consequências delas. O filósofo enfatiza que não existe uma natureza humana predefinida, o que implica que somos moldados por nossas escolhas constantes. Cada decisão não apenas reflete nossa liberdade, mas também contribui para a construção de nossa própria essência. Nesse contexto, o livre-arbítrio é a capacidade de escolher, em conjunto com a responsabilidade de criar ativamente quem somos.

A má-fé é um conceito crucial na filosofia de Sartre, representando a fuga da responsabilidade ao negar a liberdade pessoal. A má-fé ocorre quando indivíduos evitam reconhecer a amplitude de suas escolhas, buscando refúgio em desculpas ou aceitando papéis predeterminados pela sociedade. Sartre adverte que, ao renunciar à liberdade, estamos, na verdade, escolhendo ser passivos em nossa própria vida.

Ao examinarmos as contribuições do autor para o entendimento do livre-arbítrio e da responsabilidade pessoal, é vital considerarmos a importância da autonomia individual em suas obras. Para ele, a verdadeira essência do ser humano é revelada na incessante tomada de decisões, e a responsabilidade decorrente dessas escolhas é o fio condutor que tece a complexa tapeçaria da existência.

Assim, Sartre oferece uma abordagem profunda sobre o livre-arbítrio e a responsabilidade pessoal, destacando que a liberdade é mais do que uma faculdade; é uma carga que carregamos a cada escolha. Sua filosofia ressoa como um convite para a autenticidade, nos desafiando a abraçar plenamente a liberdade e a assumir a responsabilidade integral por cada decisão que molda nossa jornada.

10.
CULTIVANDO A GRATIDÃO E O CONTENTAMENTO

Como já vimos, a gratidão é mais do que um sentimento passageiro, é uma prática transformadora que eleva todas as áreas da nossa vida, nos guiando rumo à real excelência. Ela envolve o reconhecimento e a valorização das dádivas e das lições que desfrutamos diariamente, mesmo em meio a desafios. Esta atitude nos ensina a apreciar o que possuímos em vez de focar o que nos falta.

Em momentos difíceis, é comum nos fixarmos nos aspectos negativos. Contudo, adotar uma postura de gratidão muda nossa perspectiva e nos permite enxergar os desafios como oportunidades de moldar nosso caráter e fortalecer nossa fé.

Praticar a gratidão também nos faz valorizar mais as pequenas conquistas do cotidiano. Em um mundo que nos incita constantemente a desejar mais, ser grato pelo que temos é um ato de sabedoria. A gratidão nos ajuda a viver plenamente o presente, saboreando cada momento e cada dádiva recebida.

GRATIDÃO vs. CONTENTAMENTO

O contentamento é uma aceitação serena do estado atual da nossa vida. É encontrar paz e satisfação, independentemente das circunstâncias externas, aprendendo a estar satisfeito em qualquer situação, seja na abundância ou na escassez.

Contentar-se não significa acomodar-se ou renunciar aos sonhos, mas sim acolher a realidade presente com tranquilidade. É saber que a felicidade não está apenas no que desejamos alcançar, mas também no que já temos ao nosso redor. Essa perspectiva nos protege de frustrações constantes e nos permite aproveitar o momento presente.

Além disso, o contentamento nos convida a uma vida mais simples e intencional. Em vez de buscar incessantemente o que está fora de nós, aprendemos a reconhecer a riqueza interna e os valores que realmente importam. Essa prática traz equilíbrio emocional e nos prepara para lidar com as mudanças e os desafios com mais resiliência.

Embora gratidão e contentamento estejam interligados, eles diferem em sua essência. A gratidão é uma resposta ativa e uma celebração, enquanto o contentamento é uma aceitação passiva e uma paz interior. Ambos são fundamentais para uma vida de excelência, pois nos ensinam a valorizar o que temos e a confiar que o melhor ainda está por vir.

Manter um espírito de gratidão e contentamento nem sempre é fácil. Vivemos em uma sociedade que frequentemente nos incentiva a desejar mais, a buscar a próxima grande conquista ou aquisição. Sem contar os desafios pessoais que enfrentamos e que podem ofuscar nossa capacidade de ver as dádivas em nossa vida.

Para superar esses obstáculos, precisamos reavaliar constantemente nossas expectativas e nossos desejos. Ao alinhar nossas aspirações com os princípios milenares e a sabedoria divina, podemos encontrar contentamento nas coisas simples e nas verdadeiras riquezas da vida.

GRATIDÃO NA PSICOLOGIA POSITIVA

A psicologia positiva, moldada por Martin Seligman, rompe com os paradigmas tradicionais ao direcionar seu foco para a correção de doenças mentais e para a promoção ativa da prosperidade psicológica. Dentro dessa abordagem inovadora, a gratidão emerge como um elemento central, demandando uma compreensão aprofundada das perspectivas de Seligman sobre como a prática regular dessa emoção pode significativamente influenciar o bem-estar e a qualidade de vida.

Seligman destaca a gratidão como um pilar essencial na busca por uma felicidade duradoura, transcendendo a visão convencional que a entende apenas como uma resposta a eventos positivos. Para ele, a gratidão é mais do que uma reação; é uma prática ativa e cultivável. Ao direcionarmos nossa atenção para as coisas pelas quais somos gratos, transformamos nossa perspectiva e fortalecemos emoções positivas, estabelecendo uma base sólida para o bem-estar emocional.

A teoria sugere que expressar gratidão tem o poder de alterar significativamente nossa percepção do mundo. Focar experiências positivas, mesmo diante de desafios, torna-se uma ferramenta poderosa para cultivar uma mentalidade de apreciação. Essa mudança perceptual eleva nosso estado emocional imediato, construindo resiliência e nos capacitando para enfrentar adversidades com uma atitude positiva.

Além disso, a gratidão, segundo Seligman, transcende a esfera individual, desempenhando um papel crucial na construção de relacionamentos saudáveis. Ao reconhecer e apreciar as contribuições dos outros, fortalecemos os laços sociais, contribuindo para uma comunidade mais coesa e colaborativa. Portanto, para o autor, a gratidão é uma prática solidária e uma ponte para conexões mais profundas e significativas.

Assim, a psicologia positiva destaca a gratidão como peça-chave para a construção de uma vida significativa e feliz. Para ele, a gratidão é mais do que uma emoção efêmera; é uma prática transformadora que promove a prosperidade psicológica e uma existência plena e satisfatória, afirmando seu papel essencial na jornada da existência.

A REAL EXCELÊNCIA É VIVER O PROPÓSITO DE DEUS

Neste passo derradeiro para a mudança de mentalidade ou padrão mental, o intuito é limar completamente qualquer resquício de comportamento que impeça a vivência completa e integral dos princípios e ações que delineamos juntos para o seu **Batismo de Excelência**.

É importante salientar que o compromisso com a busca da real excelência não deve se limitar às nossas emoções. Não podemos praticar uma fé que seja receptiva apenas aos nossos desejos. Se alguém vai ao culto periodicamente, mas continua se envolvendo em comportamentos reprováveis, como praticar orgias e alimentar vícios, mostra que está buscando uma experiência emocional passageira, e não uma experiência real com Deus.

A verdadeira transformação em nossa vida vem da experiência com Deus!

Podemos ter vivências diversas e de forte impacto emocional, mas somente a experiência com Deus é capaz de mudar nossa vida de forma significativa.

Quando temos um encontro verdadeiro com o Senhor, somos marcados para sempre. Todos que nos perguntarem sobre o ocorrido saberão que fomos tocados por Ele, e essa marca nos acompanhará pelo resto da nossa vida.

Se deseja viver o Propósito que Deus tem para você, precisa fazê-lo de forma plena e completa. Temos de viver o que precisamos viver, mesmo que não queiramos, mesmo que doa, mesmo que nos tire da nossa zona de conforto. O Propósito de Deus envolve todos os processos e promessas estabelecidos para nossa vida.

Nosso infortúnio é que queremos viver as promessas, mas não aceitamos passar pelos percalços e relutamos em renunciar a algo que desejamos em favor do próximo.

O foco do Propósito que Deus estabeleceu sobre nossa vida não está restrito apenas a nós, não se limita aos nossos interesses e desejos particulares. O foco desse Propósito também diz respeito aos outros. Já aprendemos que o fato de termos um espírito excelente implica a responsabilidade sobre nossas ações.

Buscar a excelência é, antes de tudo, Viver o Propósito, e, para isso, temos de viver com a mesma integridade de Neemias, que assumiu um compromisso com o Propósito.

NEEMIAS

Ao ler o livro de Neemias, é possível perceber que ele era um homem de espírito excelente que recebeu uma responsabilidade extraordinária. Ele se submeteu ao seu líder imediato, o rei, e entendeu que tudo precisa acontecer dentro de uma ordem e sob uma direção.

Ele estava cumprindo um Propósito maior: restaurar Jerusalém, e não tinha interesse em levar vantagem pessoal. Assim, avaliou a situação, liderou o povo e reconstruiu o muro em tempo recorde.

Certamente, muitos foram os desafios enfrentados por Neemias até o muro ser reconstruído e a cidade ser restaurada, inclusive quando Sambalate e Tobias insurgiram como opositores. Em analogia, eles representavam alguns grupos que sempre podem se levantar contra nós em nossa jornada: o "grupinho do contra", da fofoca, e tantos outros que se valem dos mais diversos artifícios para nos desviarem do Propósito que o Senhor nos deu.

Sim, os inimigos do Propósito se levantam! Aquelas pessoas intrigueiras, belicosas, que sempre dão um jeito de desmerecer a nossa opinião e até desqualificá-la com um comentário.

Perceba que não há nada de errado em manifestar um parecer contrário, isso faz parte da liberdade de expressão, mas há modos e maneiras de se expressar.

As pessoas com má intenção não medem esforços em lançar mão de expedientes sórdidos, como espalhar inverdades e fazer insinuações maldosas a nosso respeito. Para elas, por exemplo, é comum manchar a reputação alheia a partir da falsa premissa de que todas as pessoas são interesseiras e praticam gestos de caridade buscando apenas reconhecimento ou para serem notadas. Desacreditar as boas intenções é uma forma de nivelar todo mundo pela régua da mediocridade e não da excelência, o que apenas contribui para fortalecer o discurso dos chamados *haters* (pessoas que expressam ódio, críticas negativas ou desdém) e isentá-los de suas responsabilidades.

Mas esteja atento: não dar importância aos *haters* não significa que não devemos estar atentos aos seus passos.

"Como assim, Bispo?"

Exatamente o que você acabou de ler. Não deixar que nos atinjam é uma coisa, outra completamente diferente é viver alienado do mundo e não apurar cada detalhe daquilo que chega a nós. Isso é muito importante para não nos associarmos às pessoas erradas, ainda que possam ser úteis em determinados aspectos.

O tempo passa e muitas alterações ocorrem, mas é importante cumprir o Propósito de Deus sem fazer aliança com pessoas sabidamente contrárias aos Seus desígnios.

Mergulhemos mais a fundo na jornada de Neemias para podermos avançar na compreensão. No capítulo 3, do versículo 4 ao 14, passamos a conhecer Eliasibe, que foi encarregado dos depósitos do Templo de Deus, participou da reconstrução dos muros e era parente próximo de Tobias. Este, por sua vez, era amigo de Sambalate, com quem, desde o início, tentou sabotar os projetos de Neemias.

Trata-se de um caso típico de pessoas mal-intencionadas e ardilosas que se valem de toda sorte de artifícios e meios fraudulentos para induzir alguém ao erro ou simplesmente impedir que algo se concretize. Elas próprias não avançam e, muitas vezes por inveja, querem paralisar o outro, impedir que ele se desenvolva. Não colhem bons frutos e querem tornar todos estéreis. Não conseguiram se libertar do pecado e querem arrastar o maior número possível de incautos para o mesmo atoleiro.

Parente próximo de Tobias, Eliasibe lhe cedeu uma grande sala. Além do nepotismo antiético, não hesitou em praticar uma total inversão de prioridades, visto que até então o mesmo espaço era utilizado para guardar as ofertas de cereais, incensos, utensílios do templo, dízimos de trigo, vinho novo e azeite destinados aos levitas, cantores e porteiros, além das ofertas para os sacerdotes.

Enquanto tudo isso estava acontecendo, Neemias confidencia no texto que havia pedido permissão ao rei para retornar a Jerusalém. E, tão logo chegou, tomou conhecimento do ardil de Eliasibe, ficou muito aborrecido e tratou de reverter a situação.

Percebamos o preço que se paga por fazer associações, ainda que aparentemente necessárias, com pessoas traiçoeiras, que, cedo ou tarde, irão agir ou se comportar de maneira a comprometer a nossa vivência das promessas, dos planos e do Propósito de Deus.

Não se trata de se vingar, processar ou guardar rancor. Confie que a justiça de Deus será feita. Mas, primordialmente, ande junto àqueles que estão mais próximos do poder, da graça, da sabedoria e do Espírito de Deus. Invista em convivências que tragam conhecimento e aprendizado.

Por outro lado, não basta apenas imitar grandes exemplos de dedicação ao bem-estar dos outros e esperar ser reconhecido com um prêmio de prestígio. Às vezes, podemos nos tornar excessivamente piedosos, ultrapassando até mesmo o Espírito Santo. É preciso deixar de ser ingênuo e não permitir que certas pessoas continuem a nos prejudicar repetidamente.

Pare e reflita:

Quantas vezes uma pessoa ardilosa pode nos decepcionar? Quantas vezes ela pode nos derrubar? Quantas vezes irá nos colocar para trás? Quantas vezes irá atrasar a nossa vida? Quantas vezes seremos desviados do caminho? Quantas vezes nosso pecado será alimentado e nossa soberba fortalecida?

Apenas a quantidade de vezes que permitirmos.

Precisamos entender que pessoas assim irão nos afastar da presença de Deus, tornando-se um obstáculo emocional em nossa vida. Essa é uma derrota gritante!

Ao fim e ao cabo, Neemias reconstruiu o muro, restaurou a cidade, organizou o povo e restabeleceu o culto. Ele trouxe de volta tudo o que o povo havia perdido. Isso também deve acontecer na sua vida, dentro da sua casa, no seu casamento, com os seus filhos.

Mas, para um propósito se concretizar de fato, não podemos nos deixar levar por aquilo que nos tira do eixo ou nos faz perder o foco. É como guardar móveis de outras pessoas em casa por muito tempo. Tudo aquilo que está sobrando ocupa espaço e atrapalha.

Não abramos espaço para as influências negativas de Tobias em nossa vida!

Não deixemos que o nosso próprio utilitarismo e, sobretudo, a toxicidade de terceiros, seja por transtorno de comportamento ou por maldade pura e simples, destruam a nossa fé ou nos afastem das promessas de Deus para a nossa vida.

Lembremo-nos de que a justiça do alto resplandecerá como o sol ao meio-dia!

O Senhor é quem nos julga. Ele tem o veredito certo sobre cada ser humano. Se você trilha o caminho dos justos, não há o que temer. Se você caminha de forma íntegra e transparente diante do Senhor, também não.

Por último, é preciso ter em mente que, embora os inimigos do Propósito tentem nos impedir, é fundamental perdoá-los. O coração de um espírito excelente não deve guardar ressentimentos ou mágoas. Devemos perdoá-los o quanto antes, pois a excelência não comporta sentimentos negativos.

Por óbvio, devemos ter discernimento ao perdoá-los. Observar os frutos da transformação antes de acreditar plenamente na mudança de alguém. Assim como Tobias se aproximou do sacerdote com segundas intenções, devemos estar atentos aos inimigos do Propósito e criar limites saudáveis para proteger nossa caminhada espiritual.

Portanto, reconheça a importância de viver plenamente o Propósito de Deus, esteja vigilante em relação aos inimigos desse Propósito e busque a verdadeira experiência com Deus, que transformará sua vida de maneira duradoura.

Mas, lembremos que, após concedido o perdão, uma nova relação tem início e, dessa forma, uma nova configuração e novos limites. A pessoa em questão poderá se aproximar apenas até certo ponto.

Tenha em mente: o perdão não apaga todos os aprendizados obtidos.

Quando Neemias retorna a Jerusalém, ele fica aborrecido. É importante ressaltar que uma pessoa contrariada não é necessariamente ignorante, pois sua irritação tem um motivo. Ele decidiu remover os móveis de Tobias do local para não ocupar espaço indevidamente no que Deus estava realizando em sua vida e naquele lugar. Durante o processo, aqueles que estiveram ao seu lado, acreditando nele e apoiando suas decisões, foram os únicos a se sentarem à mesa.

SAIBA HONRAR O PROPÓSITO

Neemias, nosso exemplo inspirador neste passo final da construção do espírito excelente, era um homem íntegro, que reconstruiu o muro e restabeleceu a ordem de todas as coisas na cidade não apenas para seu benefício, mas para o de todo o povo.

Infelizmente, as relações de poder parecem revelar o pior lado das pessoas, não é mesmo?

Neemias estava em uma posição de poder e, como tal, teve de lidar com o pior lado de si e das outras pessoas, não é mesmo?

Todo diretor cumpre uma missão, assim como todo coordenador, todo professor, todo encarregado, todo Bispo, todo responsável por cuidar de uma família. Por mais espinhosa que ela seja. Contudo, o ônus das tarefas espinhosas ninguém quer colocar na própria conta, preferindo apontar sistematicamente o dedo para o outro.

Esse "ruído subterrâneo" que existe em todas as relações faz com que o comportamento humano seja cindido ao meio. Então, na sua frente, a maioria das pessoas aparenta comungar do mesmo ideal, ser eficiente, solícita e até afetuosa. Mas basta aquele que a observa dar as costas e ela passa a agir de forma inversa; em muitos casos, até prejudicial ao seu parceiro, outrora "amigo de fé e irmão camarada". São dois pesos e muitas medidas...

Quando o líder está presente, sua equipe tende a se comportar de maneira organizada e focada, mas, na sua ausência, a mesma equipe, sem grandes mudanças, frequentemente se desorganiza. Ao sair, o líder percebe que os subordinados acabam desviando-se do objetivo inicial, comprometendo o andamento do trabalho. Mas sabe por que você deve ser a mesma pessoa, seja na presença ou na ausência do seu líder, da sua esposa, do seu marido, do seu professor, de seus pais ou de qualquer figura que exerça autoridade sobre você?

Porque o Senhor está sempre com você, vendo tudo o que faz, para o bem ou para o mal. Ele sonda e conhece seu coração.

Nada é pior do que confiar em alguém que está mentindo e nos passando para trás. Trair a confiança de quem quer que seja é dar uma punhalada na própria alma e parti-la ao meio. Sabe por quê?

Porque Deus está em nossa alma, somos parte da Sua essência e temos o dever de buscar a todo custo a medida humana da perfeição divina. É nosso dever e garante a nossa salvação. Apunhalar a própria alma e, portanto, a Deus, vai nos deixar estagnados no deserto até definharmos.

Agora, pare e pergunte a si mesmo, sendo 100% honesto em suas respostas:

Você tem sido a mesma pessoa na frente ou "pelas costas" de quem quer que seja?

À luz dessa primeira pergunta, que avaliação você faz sobre seu caráter, sua rendição ao Propósito de Deus e sua integridade?

JOGUE FORA O QUE ATRAPALHA

Neemias decidiu que jogaria fora todos os móveis de Tobias que estavam na sala, porque eles estavam impedindo a chegada do cereal e do incenso. Além disso, prejudicavam a adoração, pois estavam guardados em um lugar inadequado. Lembremos que tudo aquilo que é novo demanda uma base igualmente renovada, caso contrário, contamina-se com aquilo que é velho.

Além disso, os levitas, responsáveis pelo culto restabelecido por Neemias, não estavam recebendo a parte que lhes cabia e haviam voltado para suas casas. O texto bíblico relata que Neemias repreendeu os oficiais e perguntou por que eles estavam negligenciando o templo de Deus.

Faça, pois, a mesma pergunta a si mesmo e responda: "Por que tenho negligenciado tanto o Propósito de Deus para mim?".

Os móveis de Tobias representam os pecados que você carrega consigo. Pense e identifique um ressentimento que você carrega em relação a familiares, que perturba seus pensamentos, ou um desejo incontrolável de vingança por algo ocorrido há muito tempo.

Agora que você tocou em lugares doloridos dentro de si, chegou o momento de jogar fora os móveis de Tobias. O trigo e o azeite irão retornar e, com eles, a sua essência, aquela que espelha a perfeição divina, será restaurada.

A alegria que o Salmista pediu para ser restaurada e renovada em sua vida no Salmo 51, a alegria da salvação, dos primeiros dias, dos primeiros tempos, dos primeiros anos também retornará.

É hora de fazer retornar para o templo o trigo que nos dá força e nutrição, porque as redes sociais não alimentam, as influências negativas não alimentam, as frases de efeito não alimentam.

O que realmente alimenta é a palavra de Deus, pois os caminhos d'Ele são perfeitos e Sua palavra é comprovada!

O azeite, ou melhor ainda, o Espírito Santo, voltará e removerá a dureza do seu coração, amolecendo sua mente para que ela seja renovada. Assim, sua vida será transformada pelo poder da palavra, e você experimentará a excelência da vontade de Deus, passando a expressá-la em todos os seus atos e escolhas.

Para encerrar este seu **Batismo de Excelência**, alimente-se com estas palavras de fé e boa doutrina:

"Meu Deus, elimine o que estiver ocupando o lugar da Palavra, o lugar do Espírito em minha vida.

"Hoje, esse impostor sairá, não ficará. Toda a base que o diabo encontrou será desarticulada, destruída. E toda a legitimidade que foi dada ao diabo, aos demônios, será agora revogada no reino espiritual, em nome de Jesus Cristo!

"Viverei para a glória de Deus! Minha vida foi lavada no sangue de Jesus Cristo, e esse sangue me purifica de todo pecado. É nesse sangue que estou marcado e no qual tenho a minha vitória!"

Se você está passando por um processo em que Deus está agindo, continue perseverando, suportando firmemente, porque Ele está contigo e tem preparado um banquete, uma mesa na presença dos seus adversários. Ele ungirá sua cabeça com óleo e fará seu cálice transbordar. Você verá que durante todos os dias, mesmo nos mais escuros, a bondade e a misericórdia de Deus estarão contigo. Porque ele é o seu Deus, seu Pai, seu Amigo, Aquele que o guia, direciona e nunca abandona.

Deus conhece a mim e a você. Ele tem nossos nomes escritos na palma da mão e diz: "Por isso não tema, pois estou com você; não tenha medo, pois sou o seu Deus. Eu o fortalecerei e o ajudarei; Eu o segurarei com a minha mão direita vitoriosa" (Isaías 41, 10).

CONCLUSÃO

"E tudo quanto fizerdes, fazei-o de todo
o coração, como ao Senhor, e não aos homens."
Colossenses 3,23

"Portanto, sede vós excelentes, como
é perfeito o vosso Pai celestial."
Mateus 5,48

Ao chegarmos ao final desta caminhada em busca da real excelência, podemos refletir sobre o caminho percorrido, repleto de aprendizados, desafios e crescimento. Como vimos, esse modo de vida não é um destino, mas uma jornada contínua de autoaperfeiçoamento, alinhada com valores espirituais, éticos e pessoais.

Desde a definição de excelência, passando pela identificação dos entraves, pela autorreflexão e pelas etapas práticas até completar o seu **Batismo**, cada degrau foi um convite para você olhar para dentro e para fora, buscando uma vida de significado e propósito.

Aprendemos sobre a importância do desenvolvimento pessoal, do gerenciamento do tempo e das prioridades e da construção de relações interpessoais saudáveis e significativas. A saúde física e mental, o aprendizado com os erros, a responsabilidade pessoal e, finalmente, a prática da gratidão e do contentamento foram temas que nos guiaram a uma compreensão consistente de como viver uma vida de excelência. Cada exercício prático, cada reflexão proposta, foi um passo em direção a uma vida mais plena e alinhada com os princípios milenares e a sabedoria divina.

Ao encerrar esta trilha de aprendizagem, espero que você se sinta "equipado" com técnicas, inspiração e motivação para continuar sua jornada. Que cada dia seja uma oportunidade para praticar o que aprendeu, para crescer e para brilhar. Lembre-se de que a excelência é um chamado pessoal, um compromisso contínuo com a melhoria e um reflexo da sua fé e confiança em Deus.

Que esta obra sirva como um guia constante, um lembrete de que todas as coisas são possíveis e de que a verdadeira excelência está em viver de maneira honrosa e glorificando o Criador.

Lembre-se de que você é capaz de alcançar a excelência em todas as áreas da sua vida.

Não permita que obstáculos ou fracassos desencorajem você, use-os como oportunidades de crescimento e aprendizado. Mantenha viva a chama da paixão, da determinação e da fé, pois é por meio desses elementos que você trilhará um caminho de excelência.

Agora, é chegada a hora de abrir as asas e voar em direção à vida excelente que aguarda por você.

"Assim, quer vocês comam, bebam ou façam qualquer outra coisa, façam tudo para a glória de Deus." (1 Coríntios 10,31)

Que sua jornada seja repleta de aprendizado, crescimento e muitas bênçãos. Que você encontre alegria em cada passo e que sua vida seja um testemunho da graça, do amor, e da excelência que nascem da conexão com Deus e do compromisso com o Seu Propósito. Que você se torne um farol de inspiração e esperança para todos ao seu redor, refletindo a imagem de Cristo em tudo o que fizer.

Com gratidão e contentamento, encerramos nossa caminhada juntos, sabendo que, a cada amanhecer, temos a oportunidade de viver algo novo. Que a excelência seja a marca de sua vida, em cada escolha, em cada ação, em cada palavra.

DEUS ABENÇOE,
BRUNO BRITO

REFERÊNCIAS BIBLIOGRÁFICAS

Adam; Tanja C.; Epel, Elissa. "Stress, Eating and the Reward System". *Physiology & Behavior*, [S. l.], v. 91, n. 4, pp. 449-158, 2007. Disponível em: <https://www.sciencedirect.com/science/article/abs/pii/S0031938407001278?via%3Dihub>. Acesso em: 2 mar. 2024.

Bíblia Sagrada. *Nova Versão Internacional*. 2. ed. São Paulo: Sociedade Bíblica do Brasil, 2011.

Brown, Brené. "O poder da vulnerabilidade". TED Talks. Disponível em: <https://www.ted.com/talks/brene_brown_the_power_of_vulnerability?hasSummary=true&language=pt-br>. Acesso em: 2 mar. 2024.

Csikszentmihalyi, Mihaly. "Estado de flow (fluxo) como elemento de realização e alta performance". Arata Academy. Disponível em: <https://www.arataacademy.com/port/coaching/mihaly-csikszentmihalyi-estado-de-flow-fluxo-como-elemento-de-realizacao-e-alta-performance/>. Acesso em: 2 mar. 2024.

Francisco João. "Mindset de crescimento: como se desenvolver como líder adotando a mentalidade de aprendiz". Endeavor. Disponível em: <https://old.endeavor.org.br/desenvolvimento-pessoal/mindset-de-crescimento-como-se-desenvolver-como-lider-adotando-mentalidade-de-aprendiz/>. Acesso em: 2 mar. 2024.

Langer, Ellen. "Ellen Langer e a ilusão do controle". Disponível em: <https://plenae.abiliodiniz.com.br/para-inspirar/ellen-langer-e-a-ilusao-do-controle/>. Acesso em: 2 mar. 2024.

Mostoni, Mirella Amalia. *Conhece-te a ti mesmo*. São Paulo: ECA-USP, 2006. Dissertação (Mestrado em Poéticas Visuais). Disponível em: <https://teses.usp.br/teses/disponiveis/27/27131/tde-13082009-162757/publico/1236054.pdf>. Acesso em: 2 mar. 2024.

Sartre, Jean-Paul. "Existencialismo é um humanismo". Trad. de Rita Correia Guedes. Paris: Les Éditions Nagel, 1970. Disponível em: <http://www.educadores.diaadia.pr.gov.br/arquivos/File/2010/sugestao_leitura/filosofia/texto_pdf/existencialismo.pdf>. Acesso em: 2 mar. 2024.

Schweitzer, Albert. "Reverência pela vida". Disponível em: <https://www.filosofianoar.com.br/site/conteudo.php?id=193&idioma=1>. Acesso em: 2 mar. 2024.

Seligman, Martin. *Felicidade autêntica: Os princípios da psicologia positiva.* Trad. de Teresa Bernardes. Cascais: Pergaminho, 2008.

Seligman, Martin; Csikszentmihalyi, Mihaly. "Positive Psychology: An Introduction". *American Psychologist*, [S. l.], v. 55, n. 1, pp. 5-14, 2000.

Seligman, Martin; Rashid, Tayyab; Parks, Acacia C. "Positive Psychotherapy". *American Psychologist*, [S. l.], v. 61, n. 8, pp. 774-788, 2006.

Trougakos, John P. et al. "Lunch Breaks Unpacked: The Role of Autonomy as a Moderator of Recovery During Lunch". *Academy of Management Journal*, [S. l.], v. 57, n. 2, pp. 405-421, 2014.